Ar lieben Antje
mit den allerbesten
Wünschen zum 30. Geburtstag

ganz herzlich
Joe

10.10.98

WEINREISE

Herausgegeben im Auftrag
des Ministeriums für Wirtschaft, Verkehr,
Landwirtschaft und Weinbau
Rheinland-Pfalz

Text:
Patrick Kunkel

Zeichnungen:
Michael Apitz

1. Auflage: Februar 1996
2. Auflage: April 1996

© ak-verlag GmbH · Hauptstraße 65 a · D-65396 Walluf
Telefon: 0 61 23 / 7 28 93 · Telefax: 0 61 23 / 7 38 99
ISBN 3-925771-15-8

PROLOG

Der Mainzer Hofrat stand in seinem Arbeitszimmer und siegelte einen Brief.
Dann wandte er sich um zu dem Boten, der hinter ihm stand und fragte: „Du kennst doch den Karl? Ich meine den, den sie den 'Spätlesereiter' nennen. Du weißt, er hat im Jahre 1775 die Spätlese entdeckt, als er von seinem Kurierritt nach Fulda zu spät in den Rheingau zurückkehrte. Jetzt arbeitet er in Geisenheim in seinem 'Institut für Traubenkunde', das er eingerichtet hat, um sich dort ganz der Weinforschung zu widmen. Mittlerweile ist er bei Winzern und Weinfreunden bekannt als aufrechter Streiter für den Weinbau, und sein fachmännischer Rat wird von allen geschätzt."
Der Bote nahm das Schreiben des Hofrates entgegen und sagte: „Selbstverständlich kenne ich Karl, den Spätlesereiter. Schon oft bin ich mit Nachrichten in den Rheingau geritten und habe dabei auch den Karl kennengelernt."
Da sah ihn der Hofrat ernst an: „Also, diesem Karl mußt Du meinen Brief bringen. Ihm, und nur ihm, darfst Du meinen Brief übergeben, und zwar persönlich!"
„Ich will mich sofort auf den Weg machen."
„Halt, nicht so schnell!", rief der Hofrat und gab ihm noch einige Anweisungen.

Während der Bote auf dem Weg in den Rheingau ist, haben Sie, liebe Leserinnen und Leser, noch Zeit, eine Flasche Wein zu öffnen...
Sie wissen nicht, welchen Wein Sie sich auswählen und öffnen sollen?
Ein Grund, weiter zu lesen, denn damit befinden Sie sich schon mitten in dieser Geschichte...

Ein Problem

Grandpatte hatte das Schlagen der Pferdehufe zuerst gehört. Neugierig war er zur Institutstür hinaus auf den Weg gelaufen, der sich von Geisenheim am Rhein entlang nach Rüdesheim erstreckte und unmittelbar an Karls Institut für Traubenkunde vorbeiführte.

Seine Neugierde war für kurze Zeit größer gewesen als die Hoffnung auf den einen oder anderen Schluck Rieslingwein, der für ihn zuweilen übrig blieb, wenn Karl in seinem Institut arbeitete.

Grandpatte ist Karls französischer Hund, ein Grand Bleu de Gascogne. Vor einigen Jahren war er mit französischen Mönchen in den Rheingau gekommen. Er hatte Karl bei seinem Spätleseritt begleitet und war ihm seitdem nicht mehr von der Seite gewichen. Grandpatte ist ein großer Weinfreund und als Franzose zudem ein ebenso großer Feinschmecker.

Inzwischen war auch Karl die steile Treppe aus dem Institutskeller hinaufgestiegen. Er hatte noch seinen Arbeitskittel an und war gerade mit den Vorbereitungen zu einem Weinexperiment fertig geworden. Daß Grandpatte so bereitwillig dem Rieslingwein den Rücken zukehrte und ihn mit seinem Weinexperiment allein ließ, hatte auch ihn neugierig werden lassen. Karl stellte sich zu seinem Hund und blickte dem Reiter entgegen, der sich dem Institut näherte und schon von weitem freundlich seinen Hut schwenkte.

Grandpatte begann mit dem Schwanz zu wedeln und lief dem Reiter einige Schritte entgegen. Dieser sprang von seinem Pferd, gab Grandpatte einen freundschaftlichen Klaps und wandte sich dann Karl zu.

„Tag, Karl, schön, Dich wieder einmal zu sehen!"

„Mein lieber Adam, was führt Dich zu uns in den Rheingau?"

Karl kannte Adam, einen der Boten der Mainzer Hofkammer. Wenn Adam im Rheingau auftauchte, dann war er zumeist im Auftrag des Hofrates unterwegs, der den großen Mainzer Weinkeller verwaltete und im Auftrag der Hofkammer für den Weinbau in den einzelnen Weinregionen des Landes zuständig war. Karl hatte in den vergangenen Jahren schon des öfteren mit dem Hofrat über Neuerungen im Weinbau gesprochen.

„Der Hofrat schickt mich zu Dir, Karl. Ich soll Dir seine Grüße übermitteln und Dir ein Schreiben aushändigen", und dabei nestelte der Bote am Verschluß seiner Satteltasche, öffnete sie und reichte Karl das versiegelte Schreiben.

„Über den Inhalt sollst Du Stillschweigen bewahren, läßt Dir der Hofrat ausrichten; und noch heute abend muß ich ihn aufsuchen und ihm persönlich mitteilen, ob ich Dich hier angetroffen und Dir den Brief überreicht habe", fügte der Bote hinzu.

„Na, dann scheint es sich diesmal ja um eine ernste Sache zu handeln", sagte Karl, während er das Schreiben des Hofrates in seiner Hand wog, als ob das Gewicht des Briefes auf die Gewichtigkeit des Inhalts hinweisen könnte, und fügte hinzu: „Einen guten Schluck aber wirst Du mit mir noch trinken können, oder?"

Bereitwillig band Adam das Pferd vor der Tür fest.

Gemeinsam folgten sie Grandpatte, der ihnen schon in das gemütliche Probierstübchen des Instituts vorausgeeilt war, unbestritten sein Lieblingsplatz.

Am nächsten Morgen machten sich Karl und Grandpatte von Johannisberg aus auf den Weg nach Mainz. Es war noch etwas frisch, aber schon bald würde die Sonne mit ihrer ganzen Kraft für einen weiteren sonnigen Sommertag sorgen. Die Menschen freuten sich über die warmen Tage; Karl sah in den Rheingauer Dörfern, die er auf seinem Weg passierte, überall in gut gelaunte Gesichter.

Nur einige Winzer, denen er begegnete und mit denen er sich kurz unterhielt, blickten etwas skeptisch gen Himmel und seufzten:

„Hoffentlich regnet's bald!"

Karl teilte ihre Sorge. Wer den goldenen Wein im Glase sieht, denkt meist nur an die Sonne, die ihn hat reifen lassen. Doch Karl wußte, wie wichtig der Regen ist. Die Süße, die sich in den Rebenblättern entwickelt, ist nicht nur abhängig von Sonnenschein und hohen Temperaturen, sondern auch davon, wie die Reben mit Wasser versorgt werden. Sonne und Regen lassen den Weinstock gedeihen. Wenn die Feuchtigkeit fehlt, vermag sich die reife Süße genauso wenig zu entwickeln, wie wenn die Sonne ausbleibt. Gelegentliche Regenschauer im Sommer fördern die Qualität des Weines.

Während er am Rhein entlang rheinaufwärts in Richtung Mainz wandernd so seinen Gedanken nachhing und nur ab und zu Grandpatte etwas zur Eile antrieb, näherte sich die Sonne langsam ihrem höchsten Stand. Um die Mittagszeit hatten Karl und Grandpatte dann Walluf erreicht, wo sie sich nach einer kurzen Rast von einem befreundeten Fischer über den Rhein setzen ließen.

Grandpatte war nicht gerade ein begeisterter Bootsfahrer, das war ihm deutlich anzumerken. Nur widerwillig war er Karl in das schmale Fischerboot gefolgt. Der arme Hund träumte wohl davon, daß eines Tages in der Nähe von Mainz eine feste Brücke das linke mit dem rechten Rheinufer verbinden werde.

Der Fischer war sehr geschwätzig, was für einen Fischer ja eher ungewöhnlich ist. Er fragte Karl, ob er das schon gehört habe, ob er jenes bereits wisse, und daß dieses doch unerhört sei. Karl murmelte ab und zu „Jaja" oder ein gequältes „Nein, ist das wahr?", doch eigentlich hörte er dem Fischer gar nicht richtig zu. Beim gleichmäßigen Takt der Wellen versuchte er, seinen eigenen Gedanken nachzuhängen.

Nachdem sich der Bote gestern wieder auf den Heimweg nach Mainz gemacht hatte, war Karl mit dem Schreiben des Hofrates gleich zu seinem väterlichen Freund, dem Pater Anselm, ins Kloster Johannisberg geeilt. In wichtigen Fragen besprach er sich immer mit Pater Anselm, und er wußte, daß der Hofrat nichts dagegen einzuwenden hätte, wenn er erführe, daß auch Pater Anselm den Inhalt seines Briefes kannte. Auch der Hofrat schätzte den Sachverstand des weisen Paters.

Der Hofrat bat ihn in seinem Schreiben, unverzüglich nach Mainz zu kommen und ihn im Weinkeller aufzusuchen, um ihm in einer schwierigen Lage beizustehen. Das Schreiben schilderte seine Schwierigkeiten aber nicht näher, allein der Hinweis, es ginge um die Auswahl eines wirklich exzellenten Weines, war darin enthalten.

Auch Pater Anselm war sofort die ungewöhnlich nervöse Handschrift des Hofrates aufgefallen, der ansonsten seine Briefe immer in einer „Sonntagsschrift" abfaßte, wie Pater Anselm die ordentliche Schrift des Hofrates ganz passend charakterisierte. Warum aber war er so nervös? In seinem Keller hatte er doch genug exzellente Weine. Beide hatten sie sich gestern abend nicht vorstellen können, daß die Auswahl eines Weines für den Hofrat ein solches Problem darstellen könne. Da mußte mehr dahinter stecken.

Jetzt war Karl gespannt auf das, was ihn in Mainz erwartete.

Er kam gerne nach Mainz, in die ehrwürdige Stadt, die jahrtausendealte Residenz der Kurfürsten und Erzbischöfe.

Und als er die Silhouette der Stadt mit dem mächtigen Mainzer Dom vor sich auftauchen sah, kamen ihm die Worte des Humanisten Ulrich von Hutten von der goldenen Stadt wieder in den Sinn: „Ich nenn' es das goldne, und wahrlich mit Recht. Denn ich meine, unter allen Städten deutscher Nation, die man wegen ihrer schönen Lage oder wegen ihrer gesunden Luft lobt, verdiene Mainz den ersten Preis" – oder wegen ihrer Bedeutung für den deutschen Wein, ergänzte Karl den alten Humanisten.

Bis an die Stadtgrenze reichten die Weinberge heran, die sich zumeist über die südlich und westlich der Stadt liegenden Hügel ausbreiteten.

Ihren Titel „Hauptstadt des deutschen Weins" erlangte Mainz aber vor allem durch die Bedeutung der Stadt für den deutschen Weinhandel. Es war die ausgesprochen verkehrsgünstige Lage

der Stadt, die Mainz seine bedeutende Rolle im Handel sicherte. Die Stadt lag unmittelbar an der durch die Jahrhunderte hin wichtigsten Verkehrsader in den deutschen Landen, dem Rhein. Schon im Jahre 1317 war der Stadt Mainz das sogenannte Stapelrecht verliehen worden, ein Privileg, das neben Mainz nur noch den Städten Köln und Speyer zugesprochen wurde. Das Stapelrecht war die Grundlage für den Aufstieg einer Stadt zur großen Handelsstadt, denn es erlaubte den Vertretern der Stadt, alle durchziehenden Kaufleute dazu zu zwingen, ihre Waren für mindestens drei Tage in ihrer Stadt zum Verkauf anzubieten.
So entwickelte sich Mainz am Rhein zu einem großen Handelszentrum, dessen wichtigstes Handelsgut der Wein war.

Inzwischen hatten Karl und Grandpatte das Stadttor passiert und näherten sich dem kurfürstlichen Schloß.
Hier befand sich auch der große Mainzer Weinkeller, in dem ihn der Hofrat sicherlich schon erwartete!
Und wie er ihn erwartete.
„Karl!" – von weitem schon rief der Hofrat seinen Namen und kam ihm über die Rheinwiese vor dem Schloß entgegen gelaufen. Noch ganz außer Atem preßte der Hofrat einige freundliche Worte der Begrüßung heraus, um dann Karl gleich freundschaftlich, aber bestimmt an beiden Schultern zu fassen. Jetzt nimmt er wohl Anlauf, um sein Anliegen in die passenden Worte zu kleiden, dachte sich Karl und war gespannt zu erfahren, was denn nun das eigentliche Anliegen des Hofrates sei. Dieser begann etwas umständlich:
„Mein lieber Karl, es ist schön, daß Du mir helfen willst, und ich bin sicher, daß Du mir auch helfen kannst. Es handelt sich um eine etwas heikle Aufgabe, die ich nicht alleine lösen kann. Ich dachte, daß Du als ausgewiesener Weinexperte, schließlich hast Du Dir als Entdecker der Spätlese den unzweifelhaften und verdienten Ruf eines Weinfachmanns erworben, mir den entscheidenden Rat geben kannst.
Der Kurfürst hat Vertreter aller europäischen Lande für einige Tage zu uns in die Stadt Mainz eingeladen. Mir wurde nun die Aufgabe übertragen, zu dem großen Festmenu, das den Besuch

der Gäste abrunden soll, einen passenden Wein auszusuchen; den besten Wein, der in den Weinregionen wächst, für die ich zuständig bin. Wie Du sicherlich weißt, sind dies die Ahr, der Mittelrhein, die Mosel, die Nahe, die Pfalz und Rheinhessen.
Wie Du Dir sicherlich ausmalen kannst, ist dies eine sehr undankbare Aufgabe, ..." – dem konnte Karl nur zustimmen – „... denn welchen Wein soll ich nun auswählen? Wähle ich einen Wein aus einem Gebiet und ziehe ich ihn so den Weinen aus den übrigen fünf Weinregionen vor, so mache ich mir bestimmt keine Freunde. Seit Jahren schon ärgere ich mich über die ständigen Streitereien unter den Vertretern der einzelnen Weinregionen, und jetzt muß ich diesen Streit mit meiner Entscheidung, ganz gleich, wie sie ausfällt, selbst noch weiter anheizen.
Das will ich nicht.
Ich will diesen Streit nicht verschärfen. Ich kann unmöglich den Wein auswählen, ... aber Du, Du könntest mir helfen, Karl. Du könntest diese Aufgabe für mich übernehmen."

Karl war überrascht, damit hatte er nun wirklich nicht gerechnet. Selbst Grandpatte lenkte seinen Blick erstaunt auf den Hofrat und stellte seine langen Ohren auf, so gut das eben ging.
„Du bist dafür der richtige Mann," fuhr der Hofrat fort, „Du besitzt einen Sachverstand, den keiner anzweifeln kann und, was noch viel wichtiger ist, Du bist ein Rheingauer, somit am rechtsrheinischen Ufer zu Hause und in Deiner Entscheidung objektiv, denn bis auf den Lahn-Zipfel und Teile des Mittelrheins liegen alle Weinregionen, deren Weine für das festliche Menu in Frage kommen, links des Rheins.
Ich bitte Dich also heute um ein Gutachten. Nur ein Gutachten, das Du mir schnellstmöglich erstellen sollst, kann diese schwierige Frage zur allgemeinen Zufriedenheit lösen."
„Seid Ihr Euch da sicher?", mehr fiel Karl im ersten Moment nicht dazu ein.
„Nein", gab der Hofrat zu, „aber ein Gutachten hat in schwierigen Fragen, und dies ist fürwahr eine schwierige Frage, noch nie geschadet."
Beide mußten etwas schmunzeln.

„Zeigt mir doch bitte die Speisenfolge des Festmenus", bat Karl, und der Hofrat reichte ihm ein Blatt Papier, auf dem er sich die Speisenfolge notiert hatte.

Kurz darauf stiegen sie die breite Sandsteintreppe hinab, die in einen großen Gewölbekeller führte. Dort lagerten Weine aus den vom Hofrat aufgezählten Weinregionen, teilweise in Fässern, teilweise auch bereits auf Flaschen gefüllt.

„So, Karl, mit welchem Wein willst Du beginnen?", fragte der Hofrat, zog einen Korkenzieher unter seinem Mantel hervor und griff in ein kleines Regal, in dem einige Gläser und Probierschälchen standen.

„Enfin, endlich wir beginnen mit die wischtisch Arbeit, die ich mag ganz viel. Da isch mach' sogar die Überstund'...", dachte Grandpatte und stellte befriedigt fest, daß der Hofrat auch für ihn ein Probierschälchen aus dem Regal genommen hatte.

Doch schon wenige Augenblicke später machten Grandpatte und der Hofrat lange Gesichter, denn Karl, der bisher dem Hofrat noch keine Antwort gegeben hatte, meinte jetzt plötzlich:

„Aus der Weinprobe wird heute nichts werden, guter Hofrat. Versteht mich nicht falsch, aber so kann ich Euch nicht helfen. Wenn ich Euch wirklich helfen soll, und ich kann mich Eurer Bitte ja kaum noch entziehen, dann müßt Ihr mir etwas Zeit geben."

Zeit aber, das war genau das, was der Hofrat nicht hatte, und so schaute er jetzt etwas unglücklich drein. Karl ließ sich dadurch nicht beirren:

„Für ein verläßliches Gutachten, das Ihr von mir erwartet, ist eine Studienreise dringend notwendig. Ich muß mir vor Ort in den einzelnen Weinregionen ein objektives Bild von dem Weinanbau und den Weinen verschaffen. Wenn Ihr diese schwierige Entscheidung von mir verlangt, dann gebt mir die Zeit, die ich dafür brauche. Morgen schon kann ich mich auf den Weg machen, Grandpatte soll mich begleiten."

„O' lala, eine rischtisch Tour de vin, eine Reise in die Wein...", Grandpatte war von dieser Idee begeistert.

Auch der Hofrat sah ein, daß Karl recht hatte. Selbst wenn dadurch viel Zeit verloren ging, überwog natürlich die

Erleichterung darüber, daß Karl überhaupt bereit war, ihm eine so unangenehme Entscheidung abzunehmen.

Am Abend im Rheingau ging Karl noch einmal zu Pater Anselm. Auf dem Rückweg hatte er über seine Aufgabe nachgedacht.
„Das hat sich der Hofrat gut ausgedacht", sagte Karl, „denn da habe ich ein Problem, für das es eigentlich keine Lösung gibt: Einen Wein aus sechs Gebieten auswählen und keinen verärgern."
Pater Anselm nickt: „Da wirst Du Dich sicher nicht beliebt machen."
Beide sahen sich etwas ratlos an. Karl hatte den Zettel mit der Speisenfolge in der Hand. Pater Anselm fragte ihn: „Hast Du Dir da schon Notizen gemacht?"
„Nein", antwortete Karl, „das ist die Speisenfolge..."
Plötzlich fingen beide an zu lachen und Karl rief: „Das ist die Lösung!"

RHEINHESSEN

Grandpatte konnte es kaum erwarten, gemeinsam mit Karl die „Tour de vin" zu beginnen. Schon sehr früh hatte er Karl aufgeweckt, der sich einige spöttische Bemerkungen über Grandpattes ungewohnten Arbeitseifer nicht verkneifen konnte. Sie begannen ihre Weinreise in Mainz.
Der Hofrat verabschiedete sie, wünschte ihnen eine gute Reise und fügte hinzu: „Und wenn Du keine Zeit hast, mir ein ausführliches Gutachten zu schreiben, Karl, dann fasse Dich kurz, ... aber bringe mir bitte gleich den richtigen Wein mit!"
Als sie das kurfürstliche Schloß verließen, meinte Karl zu Grandpatte: „So, Grandpatte, jetzt hat unsere Reise schon begonnen. Schließlich zählt die Stadt Mainz auch zur Weinregion Rheinhessen, und wir werden als erstes die rheinhessischen Weine probieren."
„Rhein'essen...? 'essen...? Aber wir sind doch gar nicht in die 'essenland...?", Grandpatte schaute Karl etwas verdutzt an, was dieser auch gleich bemerkte:
„Tja, Du alter Franzose, das verwirrt Dich wohl. Aber Du kannst Dich trösten, auch die meisten Deutschen stutzen, wenn der Name Rheinhessen fällt. Diese Begriffsverwirrung hat uns Deutschen Dein alter Napoleon eingebrockt. Die Gebietsbezeichnung Rheinhessen geht auf die Beschlüsse des „Wiener Kongresses" zurück, im Jahre 1818 wurde dem Großherzogtum Hessen-Darmstadt dieses Gebiet zugesprochen."
Sie folgten einem festen Weg durch die Weinberge in Richtung Süden, immer in Sichtweite des Rheins.
Die Weinregion Rheinhessen erstreckt sich zwischen den drei Städten Bingen, Mainz und Worms. Der Rhein und die Nahe rahmen das Gebiet ein.

„Weißt Du, Grandpatte, daß Rheinhessen das größte deutsche Weinanbaugebiet ist? Hier steht ein Viertel aller deutschen Reben." Diese Information schien Grandpatte zu beruhigen, nährte sie bei ihm doch die Hoffnung auf viele gute Weine, die es zu verkosten gäbe.
Sie passierten die Weindörfer Bodenheim und Nackenheim und näherten sich dem Städtchen Nierstein. „Hier erstreckt sich die Rheinterrasse und das sogenannte Rotliegende, dessen Weinberge gute Rieslingweine hervorbringen", erklärte Karl Grandpatte. „Die Rebstöcke stehen ordentlich und brav, die Obstbäume in Reihen gegliedert, alles Land ist Nutzland, und nur der rötliche Hautglanz der Erde verrät etwas von ihrem heimlichen Heißblut, von ihrem gezügelten Temperament", jetzt schaute Grandpatte etwas erstaunt auf, und Karl lachte: „Das ist nicht von mir, es ist von Zuckmayer, und der stammt aus Nackenheim."
Carl Zuckmayer, den Karl sehr schätzte und der mit seinem Theaterstück „Der fröhliche Weinberg" nicht nur dem Weinbau seiner rheinhessischen Heimat ein Denkmal gesetzt hat, hatte seinen heimatlichen Landstrich einmal so beschrieben.
Und Karl fand, daß diese Worte gut paßten.

Kurz darauf erreichten sie Oppenheim, wo sie trotz der gebotenen Eile der Katharinenkirche einen Besuch abstatteten. Am ganzen Rhein findet man zwischen Straßburg und Köln kein bedeutenderes gotisches Bauwerk als diese Kirche.
Echte Weinfreunde müssen in Oppenheim auch im Deutschen Weinbaumuseum einkehren; schon oft hatte sich Karl hier einen historischen Rat einholen können. Grandpatte hatte ihn dabei das eine oder andere Mal begleitet. Er ließ sich in diesem Fall sogar zu einem Museumsbesuch überreden, gab es in diesem Museum doch viel zu entdecken. Fasziniert betrachtete er immer wieder die umfassende Mausefallensammlung.

Nachdem Karl und Grandpatte in der Nähe von Oppenheim den Rhein hinter sich gelassen hatten, weil Karl einen Weg in das Landesinnere einschlug, verlor Grandpatte langsam die Freude an der Reise. Immer, wenn er gemeinsam mit Karl einen Hügel erklommen hatte, führte der Weg anschließend zwar in ein kleines Tal hinab, aber nur, um gleich wieder auf einen weiteren Hügel hinaufzuführen.

So anstrengend hatte sich Grandpatte die Tour de vin nicht vorgestellt. Vor allem fand er, daß es jetzt langsam an der Zeit wäre, sich nicht mehr länger die Weinberge nur anzuschauen, sondern endlich auch deren Erzeugnisse zu prüfen.

„Jetzt kannst Du erfahren, warum man Rheinhessen auch das Land der 1000 Hügel nennt, aber ich kann Dich beruhigen, bis nach Alzey sind es nur noch einige wenige Hügel!", wollte Karl ihm Hoffnung machen. Grandpatte fügte sich in sein Schicksal: „Das ich will 'offen, . . . eine von die tausend 'ügel 'ätte mir auch gereicht!"

Vor ihnen im Tal lag Alzey. Das Alzeyer Schloß beherrschte das Stadtbild. Ursprünglich eine staufische Burg, war es später Sitz des Pfalzgrafen, was der Stadt Alzey zu ihrer Bedeutung verhalf. Die Alzeyer selbst bezeichnen ihre Stadt gerne auch als „Volkerstadt", in Erinnerung an den Spielmann Volker von Alzey, eine Figur des Nibelungenliedes. Seine Existenz in Alzey ist zwar historisch nicht zu belegen, doch das ist auch nicht nötig, denn auf dem Alzeyer Roßmarkt steht immer noch sein Pferd…

Karl hatte sich die Stadt Alzey, inmitten des rheinhessischen Hügellandes und seiner Weinberge gelegen, als Ziel für seinen ersten Weintest ausgewählt. Hier in den Weinbergen rund um Alzey, so war er sich sicher, würde er einen Winzer finden, der ihm einen Überblick über alle rheinhessischen Weine geben könnte.

Auffällig sind in diesen Weinbergen die vielen kleinen Türme. An einigen dieser Türme, die auf den Rebhügeln stehen, waren Karl und Grandpatte bereits vorbei gekommen. Auf dem Hügel vor ihnen sah man schon von weitem wieder einen solchen weißgekalkten Turm stehen. Karl versuchte Grandpatte, dessen Geduld schon fast am Ende war, etwas zu erheitern, indem er ihm erklärte, um welche merkwürdigen Häuschen es sich in die-

sen Fällen handelt. „Diese Weinbergshäuschen sind eine Besonderheit der rheinhessischen Weinregion. Es sind sogenannte „Trulli", kleine Schutzhütten, erbaut von italienischen Arbeitern, und zwar nach Vorbildern, die man heute noch in Apulien/Italien findet."
Als sie dem Trullo näher gekommen waren, trat ein Winzer heraus, bemerkte Karl und Grandpatte und kam ihnen auf dem schmalen Weinbergsweg entgegen.

Dem Winzer war „Karl, der Spätlesereiter" ein Begriff, und so brauchte sich Karl gar nicht erst umständlich vorzustellen, sondern schilderte dem Winzer gleich sein Anliegen. Er erzählte ihm von seiner Aufgabe, ein Gutachten zu erstellen, das die Weine und ihre Qualität objektiv beurteilen und den besten Wein bestimmen solle.
„Dann ist das aber eine kurze Reise, Karl, denn wenn Du in unserem Wein den besten erkennst, und daran besteht ja kein Zweifel, kannst Du gleich wieder umkehren und nach Mainz zurückgehen", meinte der Winzer bestimmt und lud Karl und Grandpatte ein, ihm in den Trullo zu folgen.
Drinnen setzten sich der Winzer und Karl an das kleine Holztischchen, während Grandpatte seine Pfote erwartungsfroh, aber zugleich auch fordernd auf die Tischkante legte.

Der Winzer ergriff eine erste Flasche, öffnete sie und schenkte drei Gläser ein: „Fangen wir doch am besten mit dem typischen Rheinhessenwein an, ich schenke uns einen Silvaner ein. Wir nennen den Wein einfach RS", der Winzer tippte mit seinem Zeigefinger leicht an die Flasche, „RS – Rheinhessen-Silvaner. Rheinhessen ist als das größte Silvaner-Anbaugebiet der Welt gewissermaßen die Heimat des Silvaners. Unser warmes Klima und unsere Böden, hier vor allem der Lößboden, sind wie geschaffen für unsere Silvanerrebe."
„Einen guten Silvaner habt Ihr da", befand Karl und mußte daran denken, daß der Silvaner vielleicht schon den Römern bekannt gewesen war. Der römische Schriftsteller Plinius (24 – 79 n. Chr.) beschrieb die Bienenrebe, die vitis apiana, die wahrscheinlich mit

dem Silvaner verwandt ist. Karl erzählte dies dem Winzer und meinte dann etwas spitzbübisch: „Ein schöner Trinkwein, nicht nur für die Römer; glücklicherweise haben die Silvanerreben den Untergang des römischen Imperiums unbeschadet überstanden!"

„Auch an diesen Weinen hätten die alten Römer ihren Spaß gehabt", meinte daraufhin der Winzer und stellte einen ganzen Korb voller Weinflaschen auf den Tisch.

Ich möchte Euch die Weine unserer 'Selection Rheinhessen' vorstellen", erklärte der Winzer, „mit unserer 'Selection Rheinhessen' haben wir uns selbst einige Anbauregeln für unsere Arbeit vorgeschrieben, die allen Weinfreunden die Qualität dieser Weine deutlich machen sollen. So müssen die Rebstöcke mindestens 15 Jahre alt und die Trauben handgelesen sein. Außerdem sind die Erträge reduziert worden, was zu einer Konzentration der Aromastoffe in den verbleibenden Trauben führt."

Karl hatte von der Idee der 'Selection Rheinhessen' schon gehört und war sehr gespannt, wie die Selectionsweine schmecken würden. Im Trullo begann jetzt eine fröhlich Weinprobe . . .

Karl wurde die Zeit nicht lang, denn die Weine, die er heute verkosten durfte, überzeugten ihn allesamt.

Die Weine der Selection waren durchweg trocken. Nur sieben klassische Rebsorten waren in das Programm der Selection aufgenommen worden, neben dem Silvaner der Riesling, der Graue und der Weiße Burgunder, der Traminer, der Spätburgunder und der Portugieser. Karl war sich sicher, daß die Selectionsweine bald zum Flaggschiff der Rheinhessenweine avancieren würden.

„Ich glaube, Euer Silvaner ist der passende Wein für den Anlaß", Karl trank noch einen kräftigen Schluck, „Es soll ein Silvaner sein, der Eure Region würdig vertritt."

Karl stand auf und reichte dem Winzer zum Abschied die Hand: „Habt Dank. Bitte schickt mir von diesem Wein", er deutete auf den Silvaner, „ein Dutzend Flaschen nach Mainz zum Hofrat".

„Ihr werdet Eure Wahl sicherlich nicht bereuen!", meinte der Winzer zum Abschied und hielt die Silvanerflasche stolz in das

Sonnenlicht, das durch den Trulloeingang fiel und den Wein in der Flasche funkeln ließ.
Bald waren Karl und Grandpatte hinter dem nächsten Hügel verschwunden. „Wir können Rheinhessen nicht verlassen, ohne dem Wonnegau und der Stadt Worms einen Besuch abzustatten, Grandpatte", meinte Karl. Der sogenannte Wonnegau befindet sich südöstlich von Alzey und rund um Worms. Das wußte Grandpatte und begann gerade damit, sich zu überlegen, ob der Name Wonnegau wohl Rückschlüsse auf seine Weine erlaube, als Karl erklärte: „Der wonnige Name dieses rheinhessischen Landstriches geht zurück auf das Wort Vangionen, den Namen eines germanischen Volksstammes, der einst hier lebte. Den Vangionen folgten die Römer, und erst die brachten auch den Weinbau in diese Region."

Die vielen Weinberge, das Ergebnis dieser Entwicklung, prägen heute das landschaftliche Anlitz des Wonnegaus.
Karl und Grandpatte wanderten vorbei an Dalsheim-Flörsheim und weiter in Richtung Rhein. Bald darauf konnten sie schon von weitem die mächtigen romanischen Türme des Wormser Doms sehen.

Worms war erreicht.
Ihre Blütezeit erlebte die Stadt in der zweiten Hälfte des 12. Jahrhunderts, zur Zeit von Stauferkaiser Friedrich Barbarossa. Worms war eine Freie Reichsstadt und eine wichtige Handelsmetropole im mittelalterlichen Europa. In dieser Zeit entstand auch die berühmteste staufische Dichtung, das Nibelungenlied. Von historischen Tatsachen beeinflußt, erzählt uns das Nibelungenlied vom Untergang des Burgundervolkes. Im Jahre 435 wurden die Burgunder von den Hunnen unter ihrem Anführer Attila vernichtend geschlagen. Wichtigster Schauplatz des Nibelungenliedes ist Worms, die Hauptstadt des vergangenen Burgunderreiches am Rhein.
Das alles ist bekannt. Aber niemand weiß, wo der sagenhafte Goldschatz der Nibelungen geblieben ist, den Hagen im Rhein versenkt hat . . .

„Ein wichtiger Schatz der Stadt Worms und des umliegenden Wonnegaus aber ist in jedem Fall der Wein," meinte Karl, „von dem schon im Nibelungenlied behauptet wird, es sei der beste Wein, den man am Rhein finden könne. Da wollen wir dem Nibelungenlied gerne Glauben schenken, uns einen netten Wormser Gasthof suchen, einen schönen Abend beim Rheinhessenwein verbringen und morgen früh in die Pfalz aufbrechen."

Grandpatte war einverstanden, und da sie gerade an einem einladenden Gasthof vorbeigingen, blieb er sofort stehen und sah Karl auffordernd an.

Pfalz

„Zum Wohl. Die Pfalz!", begrüßte Karl das Weinland Pfalz, das sich vor ihnen ausbreitete.
Entlang des Rheins, durchweg in einem respektvollen Abstand von einigen Kilometern zum Fluß, und zu Füßen des Pfälzer Waldes liegt das Rebenmeer der Pfalz. Die pfälzische Weinregion teilt sich in die nördlicher gelegene „Mittelhaardt" und die „Südliche Weinstraße".

„Hier stehen 100 Millionen Rebstöcke, Grandpatte, gut verteilt auf einen Weinstreifen von fünf bis zehn Kilometern Breite und 85 Kilometern Länge; und dieses Gebiet wollen wir durchqueren. Wir beginnen hier in Bockenheim und probieren uns durch die ganze Weinregion der Pfalz bis hinunter nach Schweigen; wir wollen aber auch das Zellertal, den nordwestlichen Zipfel der pfälzischen Weinregion, nicht auslassen. Da wandern wir jetzt zuerst hin. Im Grunde genommen ist die Pfalz eine breite Weinstraße, auf der wir in Richtung Süden fahren."
„Quelle chance, . . . und wir tanken nur die gut' Pfälzer Schoppen . . ." frohlockte Grandpatte.

Das, was Grandpatte an der Pfalz zunächst am besten gefiel, waren die großen Gläser. Er hatte schon von diesen großen Gläsern gehört; ein solches Glas faßt einen halben Liter und wird „Dubbeglas" genannt, weil es fünf Reihen kleiner Ausbuchtungen zieren, sogenannte „Dubbe".

Zufrieden hatte Grandpatte beobachtet, daß Karl zwei dieser wunderbaren Dubbegläser kaufte: „Wischtisch ist bei eine Weinexperiment die rischtisch Ausrüstung . . .", und er leckte sich das Maul in Erwartung der vielen Pfälzer Weine, die auf ihn warteten.

Kurze Zeit später passierten sie Grünstadt, die alte Residenzstadt der Grafen von Leiningen.
Herxheim am Berg und Kallstadt waren die nächsten Stationen auf dieser Straße des Weins. Alle pfälzischen Weinorte einzeln zu erwähnen, würde den Rahmen dieser kleinen Erzählung sprengen und uns zu wenig Zeit lassen, Karl bei der Suche nach dem besten Pfälzer Wein zu folgen und zu beobachten.
Immer weiter ging die Reise, von einem Weindorf zum nächsten. Eingebettet zwischen den Weinbergen, laden sie ihre Gäste ein, die heimischen Weine zu verkosten.
Grandpatte ging das alles viel zu schnell, und er begann sich zu wundern, warum Karl sich so wenig Zeit für die einzelnen Weine nahm, für die er aber immer lobende Worte fand.

Als vor ihnen die Stadt Bad Dürkheim auftauchte, war es ausnahmsweise einmal Grandpatte, der merklich das Tempo erhöhte. Schon viel hatte er von dem weltberühmten und riesigen Bad Dürkheimer Weinfaß gehört. Hier vermutete er das Eldorado aller Weinfreunde. Bald stand es vor ihnen, riesengroß, aber leer . . . und Grandpatte konnte seine Enttäuschung darüber nicht verbergen, daß das Faß nicht, wie er erhofft hatte, bis zum Spunde mit Wein gefüllt war. 1700000 Liter Wein, das hätte er doch gerne einmal mit eigenen Augen gesehen.

Karl konnte ihn aber vor Ort schnell mit einem Riesling vom nahegelegenen Michelsberg trösten. Der Michelsberg ist für Bad Dürkheim von großer historischer und auch wirtschaftlicher Bedeutung. Die Wallfahrten zur Kapelle auf dem Michelsberg begründeten im späten Mittelalter den Michaelismarkt, aus dem sich ein Weinfest, der sogenannte „Derkhemer Worschtmarkt", entwickelt hat. „Der Wurstmarkt, das wird noch einmal ein großes Weinfest werden, Grandpatte. Da hättest Du sicherlich Deinen Spaß. Aber nicht nur hier beweist sich der Riesendurst der Pfälzer. Warte nur, bis wir nach Speyer kommen, da zeige ich Dir den Domnapf."
Ein Domnapf – was das wohl war? Grandpatte war gespannt.
„Wenn wir sehr viel Glück haben, dann ist vielleicht gerade ein

neuer Bischof gewählt worden, der den Napf vor dem Dom für die gesamte Speyerer Bevölkerung mit gutem Pfälzer Wein gefüllt hat." Diese Worte Karls bremsten Grandpattes Euphorie merklich: „Nur eine klein' Napf für eine ganz' Stadt . . . ?"

Sie kamen nach Deidesheim.
Karl blieb auf dem Platz vor dem weit über die Grenzen der Pfalz hinaus bekannten, alten Rathaus stehen. „Wir können nicht durch die Pfalz reisen, ohne daß Du einen Saumagen probierst, Grandpatte", sprach's und steuerte auf ein Gasthaus zu. „Du wirst sehen, er zergeht Dir besser auf Deiner Feinschmeckerzunge als sein etwas unfeiner Name." Der Saumagen schmeckte wirklich vorzüglich, der Wein auch, Grandpatte war hochzufrieden: „'ier es gepfälzt mir . . ."
Den nächsten Wein kosteten sie in der größten weinbautreibenden Gemeinde Deutschlands, in Neustadt an der Weinstraße.
Karl bedauerte es ausnahmsweise, daß der Sommer noch nicht vorbei war. Denn erst Ende September werden in Neustadt alljährlich auf dem Deutschen Weinlesefest sowohl die pfälzische, als auch die deutsche Weinkönigin gewählt und gekrönt. Das hätte er gerne miterlebt.
Karl und Grandpatte verließen Neustadt und wanderten unterhalb der Ruine des „Hambacher Schlosses", der Wiege der deutschen Demokratie, durch die Weinberge, als Karl plötzlich anhielt, sich zwischen einigen Rebzeilen am Wegesrand niederließ und damit begann, es sich gemütlich zu machen.
Grandpatte schaute ihn fragend an, weit und breit war kein Winzer zu sehen, der ihnen einige pfälzische Weine hätte anbieten können. Auf einmal schien es Karl nicht mehr eilig zu haben, dabei hatten sie sich doch erst durch die Hälfte der Pfalz hindurchprobiert.
Was Grandpatte nicht wußte, war, daß sich Karl für die Pfalz etwas Besonderes ausgedacht hatte. Bei seiner Suche nach den besten Pfälzer Weinen wollte er sich die guten Geister der Pfalz zu Hilfe holen.
Vergeblich versuchte Karl, dies Grandpatte zu erklären. Da holte er zwei Dubbegläser und eine Flasche Pfälzer Wein aus dem

Rucksack, schenkte die Gläser randvoll und forderte Grandpatte auf, das Glas zu leeren.

Das war eine Aufforderung, die er sofort verstand. Schnell hatte er sein Glas geleert, ganz wie es ihm Karl aufgetragen hatte. So gefiel ihm die Pfalz!

Karl lachte ihn an: „Na, Alter, so ist's richtig," und er schenkte noch etwas nach, „zur Sicherheit!", wie er betonte. Grandpatte war begeistert: „C'est vrai, ... rischtisch, sischer ist sischer!"

Karl sah sich erwartungsvoll um, und es dauerte auch nicht lange, bis auf einmal ein merkwürdiger Vogel vor ihnen auftauchte, sich zu ihnen gesellte und Karl direkt ansprach:

„Einem echten Weinfreund wie Dir, lieber Karl, dem erscheine ich gerne, auch wenn Du, streng genommen, natürlich kein Pfälzer bist. Aber es geht doch schließlich um unseren Pfälzer Wein, den Du in Mainz den Gästen des Hofrates kredenzen sollst.

Du siehst, daß eine Elwedritsche immer gut informiert ist", fügte der komische Vogel schmunzelnd hinzu, als er das erstaunte Gesicht Karls sah.

Jetzt verstand Grandpatte, was hier passiert war. Von den Elwedritschen, den sagenhaften Vögeln der Pfalz, hatte ihm Karl schon einmal erzählt. Der Trunk aus dem Dubbeglas hatte einen dieser hilfsbereiten Vögel herbeigerufen.

Die Elwedritsche machte keine unnötige Pause, sondern meinte weiter: „Viele Weine hast Du ja zusammen mit Grandpatte bereits verkostet und Dich von ihrer Qualität überzeugen können. Denke an den Müller-Thurgau, den Silvaner, den Gewürztraminer, den Kerner, den Morio-Muskat. Und natürlich den Riesling, der den größten Anteil an der Rebfläche unserer Pfalz hat.

Ich aber möchte Dir heute zu einem Burgunder raten, einem Grauen Burgunder. Die Burgunder werden bei uns in der Pfalz immer häufiger angebaut, unter uns gesagt, es sind auch tolle Weine. Eine Kiste dieses Weines ist schon auf dem Weg nach Mainz, Luftpost!" und die Elwedritsche lachte geisterhaft und schenkte Karl und Grandpatte die Gläser voll; die Flasche hielt sie plötzlich zwischen ihren Flügeln.

„Zum Wohl, die Pfa...alz!", Karl stotterte ein wenig, die ganze Sache wurde ihm nun doch etwas unheimlich.
Aber die folgende Unterhaltung war für Karl sehr interessant. Alle seine Fragen, beispielsweise zum Klima, zu den Bodenverhältnissen oder zu einzelnen Besonderheiten der Pfälzer Weine konnte ihm die Elwedritsche beantworten.
Nur das richtige Zusammenspiel von Witterung, Böden und den geeigneten Rebsorten ermöglicht den Anbau von Reben, die gute Weine hervorbringen.
Die Pfalz gehört zu den klimatisch besonders begünstigten Landstrichen in Mitteleuropa und damit zu den Regionen, die sich besonders gut für den Weinbau eignen. Nicht nur die Weinreben freuen sich über das milde Klima, sondern auch die vielen, herrlich blühenden Mandelbäume, die im Frühjahr viele Besucher von weither in die Pfalz locken.

„So, die Flasche ist leer", stellte die Elwedritsche fest, „Zeit für mich, wieder zu verschwinden. Ich wünsche Euch noch eine abwechslungsreiche Reise und viel Freude an unseren Weinen."
Bevor sich Karl noch bedanken konnte, war die Elwedritsche wieder verschwunden. Er sah sich um. Sie waren wieder alleine.
Grandpatte, der der Elwedritsche die ganze Zeit fasziniert zugehört hatte, erhob sich umständlich, als Karl zu ihm sagte: „Von hier aus ist es nicht mehr weit bis zum Rhein und bis nach Speyer. Wenn wir dem Wein der Pfalz auf der Spur sind, dann müssen wir auch Speyer besuchen. Es wird Dir gefallen."
Grandpatte folgte ihm neugierig. Die Sache mit dem Domnapf ließ ihm keine Ruhe . . .

In Speyer blieben sie vor dem Dom stehen.
„Hier siehst Du den Domnapf, Grandpatte", und Karl mußte innerlich lachen, als er bemerkte, wie überrascht Grandpatte war, als er die große steinerne Schale sah, die direkt vor dem Hauptportal mitten auf dem Domplatz stand.
Der sogenannte Domnapf war gewissermaßen ein Grenzstein, der den Hoheitsbezirk des Bischofs vom Hoheitsbezirk der freien Stadt Speyer trennte. Wenn ein neuer Bischof gewählt war,

füllte dieser den Napf, aus dem dann alle Einwohner gemeinsam tranken, um diese Aufteilung der Einflußbereiche zu bekräftigen.
Speyer ist, ebenso wie Mainz und Worms, eine historisch sehr bedeutende Stadt. Denkt man an Speyer, dann fallen einem der Dom und die deutschen Salierkaiser ein. Mit dem Bau des Doms begann der erste salische Kaiser Konrad I. im Jahre 1030. Der Dom St.Maria und St.Stephan, dessen hohe Türme weithin über das Land zu sehen sind, ist das größte Bauwerk der romanischen Epoche in Deutschland. In seiner Krypta befinden sich die Gräber von insgesamt acht deutschen Königen und Kaisern des Mittelalters. Nicht umsonst heißt Speyer auch die „Salierstadt". Grandpatte stand immer noch fasziniert vor dem Domnapf, als Karl nach einem kleinen Rundgang durch den Dom wieder ins Freie trat.
„Jetzt gehen wir ins Museum und schauen uns eine Flasche Wein an!", rief Karl Grandpatte zu und lenkte seine Schritte zum Eingang des Historischen Museums der Pfalz. Dieser folgte kopfschüttelnd und dachte sich seinen Teil: „Jetz' ich verste', ... wenn die 'er die Weinflasch stellen in die Museum, man muß sich nicht wundern, wenn die groß' Weinnapf ist leer."
Die weingeschichtliche Abteilung des Museums birgt neben vielen anderen interessanten Exponaten eine Flasche, in der unter einer Schicht aus Harz und Öl noch heute römischer Wein schlummert. Diese Glasamphore stammt aus dem 3. Jahrhundert und wurde als Grabbeilage in einem Sarkophag bei Speyer gefunden.

Das ist zwar erstaunlich, dachte sich Grandpatte, doch war ihm ein deutlich jüngerer und frischerer Pfälzer immer noch lieber. Und so war er froh, daß Karl nach diesem kleinen Abstecher in die Stadt Speyer und tief in die Geschichte der Pfalz beschloß: „Ich glaube, es wird Zeit, daß wir unsere Reise fortsetzen, die Südpfalz wartet auf uns!"

Zurück in den Weinbergen unterhalb des Hambacher Schlosses, im Weindorf Maikammer, setzten Karl und Grandpatte ihre Weinreise durch die Pfalz fort.

Im Städtchen Landau lud sie ein Winzer ein. Sein Angebot, gemeinsam eine kleine Kellerprobe zu machen, schlug Karl nicht aus. Die Qualität der Weine stimmte. Karl probierte ganz gezielt die Burgunderweine, egal ob weiß oder grau. Die Elwedritsche hatte recht gehabt. Daran hatte er allerdings auch nie ernsthaft gezweifelt.
„Dieser Wein steht der Pfalz wirklich gut zu Gesicht", lobte er den Grauburgunder, den sie gerade gemeinsam verkosteten. Karl erinnerte sich daran, daß es schließlich auch einem Apotheker aus Speyer zu verdanken war, daß die Rebsorte überhaupt noch bewußt angebaut wurde. Johann Seeger Ruland hatte im Jahre 1711 in einem verwilderten Garten einige verwilderte Reben entdeckt und für ihre Verbreitung gesorgt.

Schließlich erreichten Karl und Grandpatte Schweigen, nahe der französischen Grenze gelegen und unwiderruflich die südlichste Station auf ihrer Reiseroute.
„Zum Wohl, die Pfalz und au revoir!", verabschiedete sich Grandpatte.

Mosel-Saar-Ruwer

*S*aar und Ruwer münden in Trier in die Mosel. Die drei Flüsse winden sich hier durch Rebenhügel, und so wird Trier gleichsam von Wellen und Reben umarmt.

Am Morgen hatten Karl und Grandpatte Trier erreicht.
Vor ihnen stand die Porta Nigra.
„Dieser mächtige römische Torbau soll für uns das Tor zu den Weinen der Mosel sein, Grandpatte!"
Grandpatte war damit einverstanden.
Trier ist ein lebendiges Zeugnis der römischen Geschichte und der Verdienste der Römer um den gesamten deutschen Weinbau. Die Römer hatten Trier zur kaiserlichen Residenzstadt ausgebaut. Im 4. Jahrhundert n. Chr. war Trier die wichtigste Stadt im Norden des römischen Imperiums und neben Rom und Byzanz dessen dritte Hauptstadt. Mit 70.000 Einwohnern war das römische Trier größer als jede andere deutsche Stadt des Mittelalters.

Karl und Grandpatte liefen über den Marktplatz, vorbei an dem schönen, mittelalterlichen Marktkreuz. Im Gehen warnte Karl seinen Hund: „Komm' bitte nicht auf die Idee, Grandpatte, hier nach irgendetwas zu suchen und in der Erde zu buddeln, auch nicht zum Spaß – es könnte römisch sein..." Doch Grandpatte konnte ihm nicht so recht folgen: „Zum Spaß ich nicht buddel in die Erd', zum Spaß ich trink' die gut Wein."
Schon oft hatte Karl Trier besucht, und immer wieder war er aufs neue beeindruckt. Hier ist Geschichte gegenwärtig. Viele historische Bauwerke, teilweise noch aus der Römerzeit, können dies bezeugen. Denken wir nur an den ältesten der Trierer Römerbauten, das große Amphitheater, in dessen ovalem Bezirk 20000 Besucher Platz finden; oder an die Barbara- und die

Kaiserthermen, oder an die Basilika, die Kaiser Konstantin im Jahre 305 erbauen ließ, oder an den Dom St. Peter, eines der ältesten kirchlichen Bauwerke unseres Abendlandes, der auf eine im Jahre 306 – 336 wiederum von Kaiser Konstantin erbaute Doppelkirchenanlange zurückgeht.
Oder wir denken vielleicht an ein etwas weniger bekanntes Gebäude aus der Römerzeit, wenn man die Kelleranlage der „Vereinigten Hospitien" als Gebäude bezeichnen kann. Sie gilt als der älteste Weinkeller Deutschlands.
In diesem Keller hatte sich Karl mit einem befreundeten Winzer verabredet.
Von Trier aus beabsichtigte Karl, die Mosel hinabzufahren bis nach Koblenz, wo sie in den Rhein mündet.
Karl wollte mit dieser Moselfahrt dem Beispiel des römischen Dichters und Gelehrten Decimus Magnus Ausonius folgen, der im Jahre 371 mit seiner „Mosella", der Beschreibung einer Moselfahrt, der Mosel und ihren Weinen ein poetisches Denkmal gesetzt hat. In seinem Gedicht preist Ausonius die Kultur der Rebe und berichtet geradezu überschwenglich vom Weinbau entlang der Mosel.
Der Winzer erklärte sich sofort dazu bereit, Karl und Grandpatte in seinem Schiff die Mosel hinab zu begleiten und dabei die besten Moselweine zu präsentieren.
„Du wirst sehen, Karl", hatte der Winzer ihm prophezeit, „unsere Weine werden Dich überzeugen. Und wenn Du möchtest, fahre ich Dich anschließend direkt rheinaufwärts nach Mainz zurück, mein Schiff randvoll mit gutem Moselwein beladen, versteht sich."

Das Moseltal ist eine einzigartige Weinregion.
Fast ohne Unterbrechung begleiten den Moselschiffer die Reben entlang der beiden Ufer, und das über eine Strecke von 245 Kilometern. Karl freute sich sehr auf diese Schiffahrt.
Kurz hinter Trier bestiegen sie das Schiff, nicht ohne zuvor Weinflaschen mit Weinen von der ganzen Mosel im Rumpf des Schiffes verstaut zu haben. Grandpatte hatte ihnen dabei sehr aufmerksam zugeschaut, hatte all seinen Mut zusammengenom-

men und war an Bord gegangen. „Salut, D'Artagnan, Du mutiger Gascogner!", begrüßte ihn Karl an Bord.

Am rechten Ufer lag das Dörfchen Longuich. Der Winzer öffnete die erste Flasche Wein und füllte stolz die Gläser: „So, jetzt trinken wir erst einmal einen Rieslingwein, und es soll nicht unser letzter auf dieser kleinen Tour sein, schließlich ist unsere Weinregion Mosel-Saar-Ruwer das größte geschlossene Rieslinganbaugebiet der Welt. Ich freue mich, daß ihr meine Gäste seid, zum Wohl!"
Karl, selbst ein großer Freund von guten Rieslingweinen, war begeistert, Grandpatte sowieso. Und während das Schiff sie weiter moselabwärts beförderte, öffnete der Winzer die nächste Flasche Riesling.
Die Rieslingrebe liebt die trockenen und steinigen Südhänge. Zu Recht, wie Karl fand, behaupteten Rieslingfreunde, daß sich die Rebe etwas quälen müsse, damit sie ihre höchste Reife erreiche. Im Süden Europas bringt die Rieslingrebe schwere und plumpe Weine, während sie den Winzern in den Weinregionen der deutschen Lande, beispielsweise hier an der Mosel, spritzige und elegante Weine beschert.
Der Winzer trank Karl zu: „Dem letzten Trierer Kurfürsten Clemens Wenzeslaus ist es zu verdanken, daß sich der Riesling bei uns an der Mosel durchsetzte und wir heute stolz sein können auf unseren Moselriesling."
„Stimmt", erinnerte sich Karl, „der Kurfürst hatte im Jahre 1787 verfügt, den Moselweinbau auf Riesling umzustellen."
Da die Hauptrebsorte entlang der Mosel nun einmal der Riesling ist, stand für Karl eigentlich schon von vornherein fest, daß er von der Mosel einen Rieslingwein nach Mainz schicken würde.
Es galt nun, über diese Moselfahrt den Hofrat nicht zu vergessen und einen geeigneten Riesling auszuwählen.
Daß er mit dieser Entscheidung der alten „Römertraube", dem Elbling, vielleicht etwas Unrecht tat, mußte er in diesem Fall in Kauf nehmen. Der Elbling gilt als die älteste Rebsorte überhaupt und wurde schon von den Römern kultiviert. Versuchen wollte Karl den Elbling doch.

Der Winzer kam seiner Bitte gerne nach und schenkte einen Elbling in die Gläser: „Mit dem Elbling pflegen wir auch ein Stück Weingeschichte der Mosel. Die Weine sind in der Regel leicht und frisch und werden von uns meistens trocken ausgebaut." Sie probierten den Wein, Karl nickte anerkennend, und der Winzer ergänzte: „Gute Elblingweine wachsen vor allem an der Obermosel. Die Rebe fühlt sich hier auf den kalkhaltigen Lehm- und Tonböden wohl."

Weiter ging die Fahrt durch die Moselschleife bei Trittenheim, dann passierten sie Neumagen und Dhron und näherten sich Piesport. Karl bat den Winzer, in Piesport kurz anzulegen. Er wollte die Gelegenheit nicht auslassen und sich die hier ausgegrabenen römischen Kelteranlagen anschauen. Der Winzer kredenzte kurzerhand ein „Goldtröpfchen", den Piesporter Wein aus eben der Lage, wo man die Kelteranlage entdeckt hatte und erhob sein Glas zu einem Trinkspruch: „Die alten Römer sollen leben!"

Karl war begeistert von der Mosel und der Landschaft. Vom Schiff aus konnte man die vorbeiziehende Landschaft langsam in sich aufnehmen. Gerne hätte er diese Eindrücke seiner Moselfahrt auch so elegant in Worte gefaßt, wie es sein Freund, der Geheimrat v. Goethe, getan hatte. So muß ich mich damit begnügen, dachte er, Goethe zu zitieren:
„Die Ufer-Ansichten der Mosel waren längs dieser Fahrt höchst mannichfaltig; denn obgleich das Wasser eigensinnig seinen Hauptlauf von Südwest nach Nordost richtet, so wird es doch, da es ein schikanöses gebirgisches Terrain durchstreift, von beiden Seiten durch vorspringende Winkel bald rechts bald links gedrängt, so daß es nur im weitläufigen Schlangengange fortwandeln kann.
Deswegen ist denn aber auch ein tüchtiger Fährmeister höchst nöthig; der unsere bewies Kraft und Gewandtheit, indem er bald hier einen vorgeschobenen Kies zu vermeiden, sogleich aber dort den an steiler Felswand herfluthenden Strom zu schnellerer Fahrt kühn zu benutzen wußte. Die vielen Ortschaften zu beiden

Seiten gaben den muntersten Anblick; der Weinbau, überall sorgfältig gepflegt, ließ auf ein heiteres Volk schließen, das keine Mühe schont den köstlichen Saft zu erzielen. Jeder sonnige Hügel war benutzt, bald aber bewunderten wir schroffe Felsen am Strom, auf deren schmalen vorragenden Kanten, wie auf zufälligen Natur-Terrassen, der Weinstock zum allerbesten gedieh."

„Puuh", der Winzer stöhnte kurz, „die Steillagen, hier beschreibt Goethe unsere Steillagen. Gepriesen werden sie von allen Weinfreunden, aber bewirtschaften müssen wir Moselwinzer diese Lagen ganz alleine."

Karl konnte ihm da nicht widersprechen. Vor den Winzern, die in diesen steilen Weinbergsterrassen ihre Reben anbauten, hatte er größten Respekt. Grandpatte, dem allein vom Hinaufsehen schon etwas schwindelig wurde, klammerte sich an sein Glas und dachte sich: „Da ich bin lieber auf die schwankend' Schiff, als in die schwankend' Weinberg..."

„In den Steillagen kannst Du sehr schön unsere Pfahlerziehung beobachten, Karl. Unsere sogenannte Moselerziehung, bei der wir noch ganz traditionell jede Rebe an ihrem eigenen Pfahl erziehen. Diese Erziehung kommt uns in den oft sehr kleinen Weinbergsparzellen entgegen."

Der Winzer bückte sich, um eine weitere Flasche Rieslingwein zu heben, als sich ihnen moselaufwärts ein Schiff näherte. Sie wollten ihren Augen nicht trauen... aber, es bestand kein Zweifel; es war Ausonius selbst, der ihnen in einem römischen Weinschiff entgegen kam, das dem Relief des berühmten Neumagener Weinschiffes glich.

„Salve, liebe Freunde!", rief ihnen Ausonius zu, „habt Ihr noch einen Schluck Moselwein, um den Durst eines alten Römers zu stillen?", und er schwenkte ein altes, nach Römerart kunstvoll geschliffenes Weinglas.

Karl fand als erster die Worte wieder: „Seid ihr es wirklich, Ausonius, und wie könnt ihr hier und heute..."

„Das kommt von die blöd' Trinkspruch", dachte Grandpatte.

Ausonius lachte: „Es ist der Moselwein, der mich jung gehalten hat! In jedem Jahr wiederhole ich meine Moselreise. Von dieser Gegend komme ich nicht mehr los. Und immer wieder entdecke ich hier Neues. Ab und zu nehme ich auch ein paar Reisende an Bord und erzähle ihnen von der Mosel und den Weinen, die an ihren Ufern reifen."
Der Winzer war begeistert, er jubelte regelrecht: „Da seht Ihr, wie bekömmlich unsere Moselweine sind. Es ist ihre frische Säure, und sie haben relativ wenig Alkohol, kurzum es sind Weine, von denen man ruhig auch einmal ein Glas mehr trinken kann!"

Der Winzer öffnete die nächste moselgrüne Flasche: „Mein lieber Ausonius, es ist mir eine Ehre, Euch einen Riesling Hochgewächs anzubieten!"
Der Winzer bemerkte, wie Grandpatte etwas verständnislos die Flasche musterte, und klärte ihn auf: „Hochgewächs bedeutet nicht, daß die Weintrauben möglichst hoch über dem Boden reifen müssen, Grandpatte, sondern die Bezeichnung Hochgewächs soll deutlich machen, daß für diese Rieslingweine nur besonders hochwertige Rieslingreben ausgewählt werden."
Zum wiederholten Male erhoben sie ihre Gläser, diesmal auf das Wohl von Ausonius.
Der Römer rollte verzückt die Augen, Karl wußte, das ist der richtige Wein für den Hofrat, und Grandpatte dachte sich: „Ein 'och auf die 'ochgewächs!"
Ausonius ließ sich sein Glas noch einmal bis zum Rand füllen, erhob sich und prostete den Weinbergen zu. Und er begann, die Mosel mit überschwenglichen Versen zu preisen: „Vom Ufer bis zum höchsten Bergesrücken sind die Hügel mit Reben bepflanzt. Ein arbeitsfrohes Volk und geschäftige Winzer eilen flink bald zum Gipfel, bald dorthin, wo der Abhang sich neigt, und wetteifern mit wilden Jauchzern. Von dort ruft der Wanderer, der unten am Ufer des Weges zieht, von hier der Schiffer im gleitenden Kahn den säumigen Arbeitern tadelnde Worte zu: Es stimmen ein die Felsen, der rauschende Wald und auch der Strom aus der Tiefe", und Ausonius nahm einen tiefen Schluck.

Karl und der Winzer lauschten andächtig, nur Grandpatte merkte für sich an: „Die alt' Römer 'at auch noch nicht gearbeit' in die Steil'ang..."
Wenige Gläser später verabschiedete sich Ausonius, um seine Fahrt in Richtung Trier fortzusetzen.
Karl schaute seinem Schiff hinterher und meinte: „Das also war der erste Tourist an der Mosel..." „... und glücklicherweise ist es auch nicht der letzte geblieben", fügte der Winzer hinzu.

Sie passierten Bernkastel-Kues, die beiden, zu einer Stadt zusammen geschlossenen Moselorte. Karl dachte an Nikolaus Cusanus, der 1401 in Kues als Winzersohn geboren wurde und als Kardinal und Philosoph eine segensreiche Wirkung entfaltete.
Linker Hand sahen sie Ürzig und Kröv, fuhren zwischen Traben-Trarbach hindurch, kamen an Zell und an Cochem vorbei. Die Fahrt ging so schnell dahin, daß Grandpatte es sogar versäumte, sich mit der schwarzen Katz' zu balgen...
Über ihnen erhoben sich die in den steilen Hängen auf vielen kleinen Terrassen angelegten Weinberge bei Winningen, und Karl wurde bewußt, daß sie nun bald Koblenz erreichen würden. Hier war ihre Moselreise dann zu Ende.
Karl bat den Winzer, ihm ein Dutzend Flaschen Riesling Hochgewächs nach Mainz zu schicken.
In Koblenz verabschiedeten sich Karl und Grandpatte von dem Moselwinzer, sie mußten ihm aber versprechen, zum nächsten „Weinforum" wieder nach Trier zu reisen. Im Rheinischen Landesmuseum präsentieren die Moselwinzer alljährlich im November ihre Spitzenweine. „Du trinkst unsere Weine und schmeckst dabei die Mosel und ihre Geschichte."

AHR

„Grandpatte, jetzt kommen wir gleich in das Rotweinparadies Deutschlands, die Weinregion Ahr. Sie ist das größte, geschlossene deutsche Rotweingebiet und die vierte Etappe unserer kleinen Weinreise", sagte Karl, kurz bevor sie Bad Bodendorf erreichten. Hier wollte Karl seine Erkundungen an der Ahr beginnen.
Ein Mainzer Weinhändler, den Karl kannte, und den sie zufälligerweise in Koblenz getroffen hatten, hatte sie rheinabwärts bis zur Mündung der Ahr bei Sinzig mitgenommen.

Die Ahr hat sich ihr Bett tief in das Schiefergebirge der Eifel eingegraben. Der Name Ahr hat sich aus dem Althochdeutschen entwickelt und bedeutet schlicht und einfach 'Wasser'.
Im tiefen Tal des Flüßchens Ahr, besser gesagt, an seinen Hängen, erstreckt sich hier ein landschaftlich reizvolles Weinanbaugebiet. Schon die ersten Einblicke ins Tal, die sich ihm beim Wandern öffneten, gefielen Karl, und er sagte, mehr zu sich selbst: „Ich glaube, das wird ein schöner Tag heute!
Das Ahrtal wird von Weinfreunden auch gerne als das 'Tal der roten Traube' bezeichnet", erklärte Karl weiter.
Grandpatte war es recht. Gegen einen guten Rotwein hatte er als Franzose nie etwas einzuwenden, und so war er gespannt, was Karl und ihn an der Ahr erwartete. Gut gelaunt kalauerte Grandpatte: „Für eine gut' Burgunder ist es nie zu spät, vor allem nicht für die gut' Spätburgunder . . ."

Sie kamen durch Lohrsdorf. Hinter dem kleinen Dorf führte sie ein Weg hinauf auf den Berg Landskrone, wo die Ruine der gleichnamigen mittelalterlichen Burg steht. Als eine der ehemals am stärksten befestigten Burganlagen entlang des Rheins wachte sie in früheren Jahrhunderten über den Ausgang des Ahrtals. Es

galt dabei, vor allem die Heerstraße zwischen Aachen und Frankfurt, die durch das Ahrtal führte, zu schützen.
Der nächste Ort, den sie erreichten, war Heppingen.
Hier sprach Karl einen Winzer an, der auch sofort seine Hilfe anbot, als ihm Karl sein Problem geschildert hatte.
„Einen typischen Wein von der Ahr sucht Ihr beiden, für eine Festgesellschaft bei unserem Hofrat in Mainz", dabei sah der Winzer Grandpatte etwas skeptisch an, „und es soll der beste Wein der Ahr sein ... Dann entfällt die Qual der Wahl, denn Ihr könnt im Grunde genommen jeden unserer Spätburgunder auswählen. Ich denke, das beste wird sein, wenn ich Euch einige Weine präsentiere."
Karl nahm das Angebot des Winzers gerne an, sich von ihm durch die Weinregion Ahr führen zu lassen, denn er mußte ehrlich zugeben, daß er noch nicht oft an der Ahr gewesen war. „Ich pack' uns nur noch schnell ein paar gute Flaschen ein, Karl!", und der Winzer verschwand im Keller seines kleinen Weingutes.
„Weißt Du, Karl", sagte der Winzer, als sie losgewandert waren, „vor einiger Zeit habe ich einen besonders schönen Weg durch unsere Weinberge hoch über der Ahr mit einem roten Traubensymbol markiert. Jetzt können Weinfreunde auf diesem Weg unsere Ahr und ihre Weinlagen erkunden. Ich will ihn Dir zeigen."

Unterwegs zu diesem Traubenpfad erzählte ihnen der Winzer zuerst etwas zur historischen Entwicklung seiner Weinregion, damit sie eine Grundlage hätten, alles, was sie sähen, richtig einzuordnen. „Auch für unsere verhältnismäßig weit nördlich gelegene Ahr belegen uns Funde den römischen Weinbau. Bedenkt man aber, daß rheinabwärts, nicht zu weit entfernt, die Stadt Köln liegt, dann mag dies nicht verwundern. Köln, die römische Stadt Colonia Agrippina, wählten die Römer als Sitz der militärischen und zivilen Verwaltung ihrer germanischen Provinz 'Germania inferior' aus."

Vor ihnen tauchten jetzt Bad Neuenahr und Ahrweiler auf, zwei etwas unterschiedliche Städtchen, die dennoch ein kleiner

Bindestrich verbindet. Bad Neuenahr – ein mineralwasserreiches Heilbad, eine weltbekannte Kurstadt inmitten eines Weinanbaugebietes; Grandpatte wollte es zuerst gar nicht glauben. „Eine rischtisch Kur, eine ganz gesund' Trinkkur mit wenisch Wasser und viel von die gut' Rotwein . . .", Grandpatte war davon überzeugt, daß dies jetzt genau das richtige für ihn wäre. Angestrengt bemühte er sich darum, einen etwas abgespannten Eindruck zu machen, doch Karl und der Winzer, die sich angeregt unterhielten, schenkten ihm keine Beachtung. Der Winzer lenkte Karls Aufmerksamkeit gerade auf die unterschiedlichen Bodenbeschaffenheiten in den drei Weinbergslagen des Kurortes. Grauwacke- und Grauwackeschiefer-, sowie Gehängelehm- und Lößlehmböden drückten hier den Weinen ihren unterschiedlichen Stempel auf.

Die drei Rotweine aus den Bad Neuenahrer Weinlagen schmeckten Grandpatte zwar vorzüglich, aber unter einer „rischtisch Trinkkur", da stellte er sich doch etwas anderes vor als nur einmal kurz an den Probegläschen nippen zu dürfen.

Das mittelalterliche Städtchen Ahrweiler wird gerne als der Mittelpunkt der Weinregion Ahr bezeichnet und kann mit einer der am besten erhaltenen Stadtbefestigungen des Rheinlands aufwarten. In der zweiten Hälfte des 13. Jahrhunderts hat der Kölner Erzbischof Konrad von Hochstaden mit ihrem Bau begonnen. Noch heute stehen alle vier Stadttore. Der Winzer unterbrach die Weinwanderung und führte Karl durch das Städtchen, das sein mittelalterliches Stadtbild bis heute bewahren konnte. Als sie dann durch die Lage Silberberg weiter wanderten, zeigte ihnen der Winzer die eindrucksvolle Ruine einer Römervilla aus dem 2. und 3. Jahrhundert, die hier freigelegt worden war und die als 'Museum Römervilla' besichtigt werden kann.

Anschließend setzten sie ihre Ahrreise fort.

Der Weg entlang der Ahr war wirklich ein Erlebnis. Auf der Höhe des Weinortes Walporzheim wurden die Hänge noch steiler. Die Weinberge klebten förmlich an den Hängen, Schwalbennestern gleich.

„Die Einführung des Terrassenbaues verdanken wir den Mönchen, die im Mittelalter und der Neuzeit diese Weinberge in mühevoller Arbeit anlegten", erklärte der Winzer, „die steilen Terrassen bestehen aus Schiefer- und Vulkangestein. Die Arbeit in diesen steilen Weinbergsterrassen ist eine harte Arbeit, doch so beschwerlich der Anbau der Reben auch ist, so sehr danken sie es uns. Hier gedeihen die blauen Burgunderreben ganz hervorragend und bescheren uns beste Spätburgunderweine", stolz deutete der Winzer auf die Weinbergsterrassen über Walporzheim.
Karl wußte, daß die Burgunderrebe einen warmen und nahrungsreichen Boden liebt. Ähnlich wie die Rieslingrebe ist sie imstande, dem Winterfrost zu trotzen. Er sah sich um. Das enge Ahrtal liegt geschützt vor kalten Winden, und die steinigen Hänge, vorwiegend Grauwacke- und Schieferverwitterungsböden, können die tagsüber gespeicherte Sonnenwärme nachts an die Reben abgeben. Gute Voraussetzungen für das Wachstum der Reben.
Der Winzer machte Karl jetzt auf einen besonders markanten Felsvorsprung aufmerksam und erklärte: „Das ist unsere 'Bunte Kuh', ein Wahrzeichen unserer Ahrregion." Von der 'Bunten Kuh' an der Ahr hatte Karl schon gehört, aber nie gewußt, was er sich darunter vorzustellen hatte.
Unten im Tal quälte sich das Flüßchen regelrecht durch die zerklüfteten Felsen.
Kurz darauf erreichten sie die Ruine des mittelalterlichen Augustinerklosters Marienthal bei dem gleichnamigen Weinort.
„Es waren vor allem die Mönche und Nonnen des Klosters Marienthal, die den Weinbau an der Ahr vorangebracht haben. Wir bearbeiten noch heute die alten Klosterweinberge. Wenn man weiß, daß das Kloster bereits im Jahre 1136 gegründet wurde, dann zählt das Weingut heute zu den ältesten in ganz Deutschland."

Weiter ging die Wanderung durch die Weinbergsterrassen. Vor ihnen lag Dernau, das größte Weindorf an der Ahr.
Am gegenüberliegenden Ahrufer tauchte Rech auf; dann kamen sie nach Mayschoß. Vom Mönchsberg aus blickten sie über die

Ahr, auf die steilen Weinbergslagen, die Felsen und die Reste der Saffenburg, der ältesten Burg an der Ahr. In Mayschoß führte der Winzer Karl und Grandpatte in die Weinkeller des im Jahre 1868 gegründeten „Winzervereins Mayschoß". Dieser Zusammenschluß von Ahrwinzern in den Notzeiten des 19. Jahrhunderts ist zugleich die älteste Winzergenossenschaft der Welt.
Nach einer ausgiebigen Faßweinprobe, zu der ihnen auch ein herzhaftes Essen gereicht wurde, wanderten sie weiter.
Bald erreichten sie die Burg Are, die wie von einem Romantiker gemalt vor ihnen auf einem Felsen in der Ahrschleife auftauchte. Von hier oben hatten sie wieder eine tolle Aussicht; hinter ihnen das enge Ahrtal und vor ihnen der Blick ins Tal auf Ahrweiler. Grandpatte, der ihnen nur widerwillig auf diesen steilen Fels gefolgt war, hatte weniger Augen für die Aussicht, als vielmehr für den Wein, den der Winzer ihnen ausschenkte. Es war die letzte Flasche aus seinem Rucksack, und sie enthielt, Grandpatte wollte es nicht glauben, Weißwein. Der Winzer lachte, als er das überraschte Gesicht sah, das auch Karl machte. „Nicht daß Ihr denkt, wir hätten hier an der Ahr keine Weißweine. Gerade in Mayschoß und hier in Altenahr ernten wir gute Riesling- und Müller-Thurgauweine!"
Und so kamen Karl und Grandpatte zum Abschluß ihrer Wanderung noch in den unerwarteten Genuß eines Rieslingweines von der Ahr. Der Ahrriesling schmeckte Karl, es war ein frischer und rassiger Riesling.
„O'lala, eine gut' Riesling, dazu wir könnten uns doch fangen die lecker' Ahrforelle . . .", dachte sich Grandpatte, doch Karl schien leider nicht auf diesen Gedanken gekommen zu sein.

Karl beschloß, die Ahr mit einem Boot wieder hinab zu fahren, bis zu ihrer Mündung in den Rhein. So konnte er das Ahrtal noch einmal in aller Ruhe genießen. Den Wein für den Hofrat hatte er sich schon ausgesucht, „einen rassigen Spätburgunder von Euren sonnigsten Hängen; von diesem Wein schickt mir bitte ein Dutzend Flaschen nach Mainz." Der Winzer hatte ihm versprochen, sich persönlich darum zu kümmern.

MITTELRHEIN

Mittelrhein nennt man das Gebiet, dessen Weinberge sich von der Nahemündung aus rheinabwärts an beiden Ufern bis Koblenz und von dort aus am rechten Rheinufer bis nach Niederdollendorf vor Bonn erstrecken und eine Gesamtlänge von 100 Kilometern erreichen.

Schon oft war Karl den Rhein hinunter nach Köln gefahren, entweder auf einem der Weinschiffe des ehrwürdigen Rheingauer Zisterzienserklosters Eberbach oder auf dem Schiff eines Mainzer Weinhändlers. Er genoß die Fahrten durch die Weinregion des Mittelrheins jedesmal aufs neue. Denn jedesmal erschien ihm die Landschaft in einem neuen Licht. Er erinnerte sich, daß Pater Anselm einmal geschrieben hatte:
„Ganz eigentümlich ist das Spiel des Lichtes in den tiefen Tälern des Mittelrheins, wenn sich die Sonne am Morgen mit langen Fingern über die Bergränder tastet. An jeder Biegung des Flusses treten Burgen und Kirchen, Dörfer und Schlösser anders hervor, verwandelt in ständig sich ändernder Beleuchtung. Man muß es selbst erleben, besonders im frühen Licht oder am Abend, über den Saumpfad am Rande des Flusses wandernd, wo man auf den Inseln die Graureiher sieht, wie sie scheinbar müßig die Wellen betrachten. Steiler erscheinen in diesem Lichte die Rebenhänge an den Ufern aufzuragen, steiler als anderswo . . ."
Der Mittelrhein ist das Gebiet der stolzen Burgen, der reichen Schlösser und der malerischen Weinorte, um die sich viele Geschichten, Sagen und Legenden ranken. Karl dachte, wie sehr nicht nur die ereignisreiche Geschichte, sondern auch das Spiel des Lichtes in dieser Landschaft das Entstehen der Sagen begünstigt.
Er konnte sich gut vorstellen, daß hier die Wiege der Rheinromantik stand.

Mit seiner Liebe zu dieser Region steht Karl nicht allein. Von überall her strömen, vor allem natürlich im Sommer, Menschen hierher an den Rhein, um sich an seinem Zauber zu erfreuen.

Da es ihm rheinaufwärts mit einem Schiff, das den Fluß mühsam hinauf getreidelt werden mußte, zu langsam voran ging, hatte er sich in Koblenz ein Pferd geliehen, um am linksrheinischen Ufer das Mittelrheingebiet zu durchreiten.
Unterwegs wollte er gemeinsam mit Grandpatte bei den Winzern, die er entlang des Rheins kannte, nach dem besten Wein des Mittelrheins suchen. Was die Rebsorte des Weines anlangte, den er für den Hofrat auswählen sollte, so würde ihm die Qual der Wahl ähnlich, wie zuvor an der Ahr, auch am Mittelrhein erspart bleiben. Die Rieslingrebe war die unangefochtene Herrscherin über die Weinberge des Mittelrheins. Auf drei Vierteln aller Weinberge dort stehen Rieslingreben. Auch an der Lahn dominiert die Rieslingrebe. Er konnte die Mündung der Lahn über den Rhein hin sehen, als er von Koblenz losritt.
Mit einem Blick hinauf zum Schloß Stolzenfels hatten Karl und Grandpatte sich von Koblenz verabschiedet.
Der Ritt ging vorbei an den Orten Rhens und Brey. Ihnen gegenüber lag Braubach mit seiner weithin sichtbaren Marksburg. Die Marksburg ist als einzige der deutschen Rheinburgen noch vollständig erhalten.
Zwischen Spay und Boppard macht der Rhein eine große Schleife, und an seinem linken Ufer breiten sich über die gesamte Länge dieser Schleife die Weinberge des "Bopparder Hamm". Grandpatte, der nun die ganze Zeit über geduldig neben Karl hergelaufen war, begann sich ernsthaft zu überlegen, ob denn dieser vielleicht erst in Trechtingshausen, dem letzten Weinort des Mittelrheins, kurz bevor sie dann schon die Nahemündung bei Bingen erreicht hätten, mit dem Verkosten der Weine beginnen wolle: „... und das bei all' die gut' Riesling 'ier an die Mittel von die Rhein, ... quelle catastrophe ..."
Aber Grandpatte konnte bald aufatmen. In Boppard suchte Karl eine der vielen gemütlichen Weinstuben auf, die sich dort entlang der schmucken Rheinfront aneinander reihen. Zusammen mit

dem Wirt probierten sie die Weine aus diesem Abschnitt des Mittelrheins.

An den steilen Hängen und in den engen Nebentälern des Rheintals wachsen die Reben vornehmlich auf Schieferböden. Oftmals liegt da der Schiefer blau in den Weinbergen. Die Sonnenstrahlen treffen direkt auf das Schiefergestein und werden zudem noch von der Wasseroberfläche des breiten Flusses an die Hänge reflektiert, sodaß sich an sonnigen Tagen reichlich Wärme im Schiefer speichert. Das garantiert ein gutes Wachstum der Reben.

Der Wirt und Karl unterhielten sich über die harte Arbeit der Winzer in ihren Weinbergen. „Denk' nur einmal an den Stallmist, mit dem viele Winzer düngen, Karl! In Körben tragen sie den Dung in ihre steilen Weinberge, wo er dann auch noch mühevoll um die einzelnen Rebstöcke verteilt werden muß."

„Sie werden durch die Güte des Weines belohnt!"

Karl war sich mit dem Wirt einig und fügte hinzu: „Ich wünsche mir nur, daß sich die Menschen, die solche Weine trinken und genießen dürfen, auch bewußt machten, wieviel Arbeit sich in einer Flasche Wein verbirgt."

Vom Riesling des Mittelrheins wird immer gesagt, er sei rassig und besitze eine fruchtige Säure; dazu käme sein edler Duft. Karl teilte diese Auffassung, und die Weine, die er jetzt getrunken hatte, bestärkten ihn darin. Neben dem Tisch saß Grandpatte und tauchte seine Zunge immer wieder mit Begeisterung in die verschiedenen Rieslingweine. Er konnte Karl in seinem Lobe nur beipflichten.

Weiter ging die Reise den Rhein hinauf, und bald war das Städtchen St. Goar erreicht. Gegenüber, am anderen Rheinufer, lag St. Goarshausen. Mit einer kleinen Fähre konnte man sich an das andere Ufer fahren lassen.

„Da ist er, Grandpatte, der Felsen der Loreley!", rief Karl, als er von St. Goar aus den schroffen Schieferfelsen sehen konnte, der sich am rechten Rheinufer in einer Höhe von 132 Metern über den Fluß erhebt. Grandpatte kannte den Felsen, hatte sich aber noch nie so sehr für ihn begeistern können. „Die groß' Felsen ist viel zu steil für die gut' Rieslingreb' . . ."

Der Felsen flößt allen Rheinschiffern Respekt ein und ist zugleich als Echofelsen seit Jahrhunderten berühmt. Schon die „Fuldaer Annalen" des Rhabanus Maurus aus dem Jahre 825 erwähnen ihn, und im Jahre 1645 schrieb Martin Ziller in seinem Rheinreiseführer über diesen Felsen: „ . . . so von den Alten der Lurleberg ist genannt worden/ in welchem Gebürg auch ein sonderbar lustig Echo, oder Widerschall/ sich befindet."

Grandpatte war überrascht, als Karl auf einmal zu ihm sagte, „Komm, mein Freund, wir machen eine kleine Bootsfahrt auf dem Rhein, ich will mir den Felsen kurz ansehen, dann reisen wir weiter!" Was war denn nun in Karl gefahren? Schon wieder sollte Grandpatte auf das Wasser und diesmal auch noch in einem wackeligen Kahn. Er zögerte einzusteigen. „Stell' Dich nicht so an!", sagte Karl, „Du willst doch sicher den Felsen auch einmal aus der Nähe besehen und die Naturgeister sehen, die dort rufen!"

Karl steuerte den Kahn über den Rhein auf den Felsen zu. Einige Salmfischer waren mit ihren Booten auf dem Rhein und hatten ihre Netze ausgeworfen. Als einer der Fischer laut etwas rief, hallte es von den Felsen vielfach zurück.
„Siehst Du", meinte Karl lächelnd zu Grandpatte, „das ist der ganze Zauber. Hier gibt es keine Naturgeister, wenn auch viele diesen Widerhall schon als Stimmen von Naturgeistern gedeutet haben. Es ist nur der Felsen, der den Ruf zurückwirft. Und doch", fügte er hinzu, „es ist ein geheimnisvoller Ort."
Clemens Brentano hatte für seinen romantischen Rheinroman „Godwi" eine Ballade geschrieben, die er Lore-Lay-Ballade genannt hatte. Seine „Lore-Lay" ist eine junge Frau. Er schuf aus dem Geiste des schroffen Felsens eine bezaubernde Schönheit. Jetzt hatte auch Heinrich Heine aus Düsseldorf ein Lied über diese Frau verfaßt, das immer bekannter wurde. Karl hatte am Rhein schon Leute getroffen, die die Melodie dieses Liedes vor sich hin summten und einige Textzeilen sangen. In Heines Lied sitzt die „schönste Jungfrau", die Loreley, auf dem Felsen, kämmt sich ihr goldenes Haar und singt dazu. Es war schon

erstaunlich, wie sehr diese Region ihre Besucher in ihren Bann zog, dachte sich Karl.
Inzwischen hatte der Kahn den Felsen fast erreicht, und Karl beschloß: „Wir kehren um!"
Da plötzlich, was war denn das? Grandpatte und Karl sahen sich erstaunt an. Sie hatten es beide gehört – ganz deutlich hatten sie den Gesang einer Frau vernommen.
Und dann sahen sie eine wunderschöne Frau. Sie saß auf einem Vorsprung des Felsens. In seiner Aufregung hätte Karl beinahe den Kahn gegen eine scharfe Klippe gesteuert. Erst im letzten Moment gelang es ihm, abzudrehen und unbeschadet unterhalb des Felsens anzulegen. Karl wollte nicht glauben, was er da sah. Das konnte doch nicht sein.

„Sei mir gegrüßt, Karl, schön, daß Du mich besuchst." Die Loreley saß richtig auf ihrem Felsen. Vor ihr standen zwei Gläser, eine Trinkschale und mehrere Flaschen Wein. „Ah, da kommt ja auch Grandpatte, das ist schön!"
„Sagt mir", Karl hatte sich inzwischen hingesetzt, „wie ist es möglich, wie kommt Ihr hier auf den Felsen . . . ?" Die Loreley lächelte nur vielsagend, schenkte Karl und Grandpatte einen Rieslingwein ein und meinte: „Ich glaube, das ist der Wein, den Ihr sucht. Diesem Wein gaben die Winzer des Mittelrheins meinen Namen."
Der Riesling schmeckte zauberhaft.
Karls Blick schweifte über das Rheintal. Von hier oben hatte man eine herrliche Aussicht. Als er sich wieder umdrehte, war die Loreley verschwunden. Auch Grandpatte hatte ihr Verschwinden nicht bemerkt.
Auf dem Felsvorsprung stand eine Kiste Wein. Es waren genau zwölf Flaschen Loreley-Riesling vom Mittelrhein. Ganz entfernt hörte Karl noch wundervollen Gesang, der leise in den Felsen verklang.
Die ganze Sache war Karl immer noch etwas unheimlich. Da stieß Grandpatte mit der Schnauze gegen die Weinkiste. Natürlich, die Kiste war wirklich. Karl stand auf, schulterte die Kiste und stieg langsam hinab zum Kahn.

Den nächsten Abschnitt des Rheins zwischen den beiden Orten Oberwesel und Bacharach, die zu den schönsten deutschen Weinorten zählen, liebte Karl besonders. Auf halbem Weg hat man einen schönen Blick über den Rhein auf das mittelalterliche Städtchen Kaub und die darüberliegende Ruine Gutenfels. Mitten im Rhein vor Kaub liegt auf einer kleinen Felseninsel die alte Zollfestung Pfalzgrafenstein, die einfach 'Pfalz' genannt wird.

Sie erreichten Bacharach. Über der Stadt thront die Burg Stahleck, die gemeinsam mit den Türmen der Stadtmauer und der Wernerkapelle das Stadtbild prägt.

Karl und Grandpatte machten es sich in der Weinstube eines befreundeten Winzers gemütlich. Karl ließ sich einen Riesling aus den steilen Weinbergen des Bacharacher Hahn einschenken und erzählte dem Winzer von seiner Begegnung mit der Loreley und dem nach ihr benannten Wein. Da schmunzelte der Winzer und sagte: „Für einen sagenhaften Wein ein sagenhafter Name!" Er versprach Karl, den Wein der Loreley am nächsten Morgen nach Mainz zu schicken.

Bacharach war in der Geschichte des deutschen Weins von großer Bedeutung; die Stadt war immer ein wichtiger Umschlagplatz für den Wein gewesen. Die Weine, vor allem die vom Oberrhein, Rheinhessen, der Pfalz, dem Rheingau und natürlich auch die Weine der Nahe, die auf kleinen Schiffen durch die gefährliche Rheinenge bei Bingen, das 'Binger Loch', Bacharach erreichten, wurden hier auf dem Weinmarkt zum Kauf angeboten und zur Fahrt nach Köln auf größere Schiffe verladen.

Es dämmerte bereits, als der Bacharacher Winzer gemeinsam mit Karl und Grandpatte eine Wanderung in das Steeger Tal unternahm, das sich hinter Bacharach zur Hunsrückhöhe hinzieht. Auch hier fand sich Schiefer in den steilen Weinbergen. In der Abendkühle war es angenehm zu fühlen, wie die Wärme aus dem Schieferboden aufstieg.

Der Winzer lud die beiden Weinwanderer ein, bei ihm zu übernachten.

NAHE

*B*ei Bingen mündet die Nahe in den Rhein und zwängt sich dann mit ihm gemeinsam durch das enge „Binger Loch", wo sich auf einer kleinen Rheininsel der Mäuseturm, das Wahrzeichen Bingens, befindet.
Bingen, die alte Wein- und Handelsstadt am Rhein-Nahe-Eck, liegt am Schnittpunkt der Anbaugebiete Mittelrhein, Rheingau, Nahe und Rheinhessen, zählt aber selbst noch zur Weinregion Rheinhessen, die Karl und Grandpatte als erste Station ihrer Reise durchwandert hatten. So schloß sich jetzt langsam der Kreis ihrer Reise.
„Zum Schluß wollen wir noch die Weine der Naheregion probieren", verkündete Karl Grandpatte, als sie, die Stadt Bingen vor Augen, Bingerbrück erreichten. Grandpatte, dem diese Reise nicht lange genug dauern konnte, freute sich und dachte: „Oui, oui, probieren ist die best' studieren..."
Karl und Grandpatte bogen in das Nahetal ein. In Bingerbrück erinnern die Namen der Weinbergslagen 'Hildegardisbrünnchen', 'Klostergarten' und 'Rupertsberg' an das ehemalige Benediktinerinnenkloster auf dem Rupertsberg. Hildegard von Bingen (1098 – 1179) hat dieses Kloster im Jahre 1147 gegründet. Die Äbtissin Hildegard war mit ihrem Konvent vom Kloster Disibodenberg, auf einem Bergrücken über dem Zusammenfluß von Glan und Nahe gelegen, hierher an die Nahemündung gezogen. Hildegard von Bingen ist eine der bedeutendsten Frauen des Mittelalters gewesen; bekannt ist sie zum einen als Mystikerin und zum anderen als Naturforscherin. In ihren Schriften lobte sie die Weine ihrer Heimat an Rhein und Nahe.

„Entlang der Nahe, die im Schutz des Hunsrücks und des Soonwaldes liegt, findet man Porphyr-, Schiefer-, Rotsandstein-, Mergel-, Quarzit- Lehm- und viele andere Bodenarten", begann

Karl einen kleinen Exkurs, „doch nicht nur für Geologen ist die Nahe ein lohnendes Untersuchungsfeld, auch Weinfreunde können hier ihren (Wissens)durst stillen". Grandpatte war beruhigt. Karl hatte an der Nahe viele Bekannte, er war oft und gerne hier zu Gast, und vom Rheingau aus war es ja auch nur ein Katzensprung hinüber an die Nahe.

Charakteristisch für die Nahe ist, daß hier in einem verhältnismäßig kleinen Weinanbaugebiet die unterschiedlichsten Rebsorten auf den unterschiedlichsten Böden gedeihen und interessante und gute Weine hervorbringen.

„Viele bezeichnen die Nahe deshalb auch als das Schaufenster der Deutschen Weinlande", wußte Karl, „wobei mir der Begriff von der Nahe als dem deutschen Weinprobierstübchen liebevoller erscheint."

„In diesem Fall, isch 'ätte auch nichts gegen eine Bummel durch die Schaufenster", dachte sich Grandpatte und zeigte sich außergewöhnlich kompromißbereit.

„Es ist nicht einfach, die Weinregion um die Nahe so zu durchwandern, daß wir auch alle wichtigen Weinorte der kleinen Nebentäler passieren und die vielen verschiedenen Weine probieren können, aber ich habe uns eine Reiseroute zurechtgelegt," Karl zog eine selbstgezeichnete Karte von der Nahe aus der Westentasche, „wir kommen bald nach Bad Kreuznach. Du wirst sehen, Grandpatte, das Schöne am Wein von der Nahe ist, daß man für jede Gelegenheit den passenden Wein finden kann."

„. . .'offentlich 'aben wir bald die erste Gelegen'eit", und Grandpatte fand, daß sich in Langenlonsheim, das sie gerade passierten, die Gelegenheit bot, einen Nahewein zu kosten.

Dann war das weite Tal erreicht, in dem Bad Kreuznach liegt. Etwas weiter naheaufwärts liegt Bad Münster am Stein.

Beide Orte sind weltbekannte Heilbäder, und so war Grandpatte heilfroh, als Karl in Bad Kreuznach endlich Anstalten machte, die erste Probe von Naheweinen vorzunehmen.

Nachdem sie die alte Nahebrücke mit den historischen, auf die Pfeiler getürmten Brückenhäusern, das Wahrzeichen der Stadt, passiert hatten, nahmen Karl und Grandpatte in einer gemütlichen Weinstube Platz. Der Wirt schenkte ihnen den ersten

Nahewein in Bechergläser. Grandpatte sah das Glas erstaunt an, und Karl meinte zu ihm: „An der Nahe kannst Du den Wein wieder aus einem typischen Glas trinken, einem Becherglas. Dieses Glas nennen Winzer und Weinfreunde hier an der Nahe 'Remis'chen', und so sagen sie auch zum Schoppen". „Das ist aber eine lustisch' Name", dachte sich Grandpatte und war beruhigt, als er sah, daß das Remis'chen so viel Wein faßte wie ein normales Schoppenglas. „Zwei Deutungen gibt es für den Namen", erklärte Karl, „einige Weinfreunde meinen, Remis'chen sei das Glas Wein gewesen, das ein Postillion getrunken habe, nachdem er seine Pferde in der Remise abgestellt hatte. Andere führen den Namen auf die alte hebräische Maßeinheit 'Remis hin' zurück."

Der zweite Nahewein war im Glas.

Auch für die Naheregion läßt sich der römische Ursprung des Weinbaus durch entsprechende Funde belegen. Das römische Bad Kreuznach selbst hieß 'Cruciniacum' und lag etwas nördlich der heutigen Altstadt. In der 'Römerhalle' von Bad Kreuznach kann man sich die Funde aus römischer Zeit ansehen.

„Hier, mein Lieber, koste 'mal eine 'Bad Kreuznacher Narrenkappe', das ist der Wein für die fünfte Jahreszeit", lachte Karl und schenkte Grandpatte das Becherglas voll. Grandpatte war nun doch etwas irritiert: „Gibt es 'ier so viel die verschieden' Wein, daß vier Jahreszeit' nicht genug ... ?"

Karl drängte nun zur Weiterreise, und vorbei an den großen Salinenanlagen kamen sie bald nach Bad Münster am Stein und Ebernburg. Besucher der Nahe kommen hier ins Schwärmen. Beide Orte werden oft im Zusammenhang mit den beiden Burgen genannt, die weithin sichtbar über ihnen aufragen, die Ruine Rheingrafenstein über Bad Münster und die mächtige Ebernburg über dem gleichnamigen Ort. Nur ein wenig weiter naheaufwärts erhebt sich am linken Ufer das imposante Rotfels-Massiv und beweist auf eindrucksvolle Art und Weise, was Wasser im Laufe von Jahrtausenden vermag. Die Nahe hat sich in einer Schleife zwischen Norheim und Ebernburg, an deren Ende die Alzens in die Nahe mündet, so tief in das Rotliegende eingegraben, daß sich nun eine zweihundert Meter hohe Steilwand

über der Nahe erhebt. Das ist die höchste Steilwand nördlich der Alpen in den deutschen Landen. Wenn Karl von der Nahe aus diese steile Felsenwand hinauf blickte, dann verschlug es ihm regelmäßig den Atem. Grandpatte blickte gar nicht erst hinauf, sondern stellte zufrieden fest, daß am Fuße des mächtigen Rotfels noch etwas Platz für einen kleinen Weinberg war, in dem Rieslingreben standen.

Karl und Grandpatte wanderten an der Mündung des Glans vorbei bis nach Martinstein. Hier war der Wendepunkt ihrer Nahereise erreicht. Sie gingen am linken Naheufer zurück und trafen in Monzingen einige Winzer, die sie zum Essen und zu einer Weinprobe einluden. Beim Wein erklärte dann einer der Winzer, daß selbst der Geheimrat v. Goethe ihren Monzinger Wein schätze, und er zitierte den Geheimrat, der den Monzinger wörtlich erwähnt und geschrieben habe: „Er soll sich leicht und angenehm wegtrinken, aber doch, ehe man sich's versieht, zu Kopfe steigen." Karl konnte sich davon überzeugen, daß Goethe das Richtige getroffen hatte. Die Riesling- und Müller-Thurgauweine, die sie tranken, waren hier auf den Verwitterungsböden des Rotliegenden gewachsen.
Gerne wäre Karl noch etwas länger in dieser geselligen und netten Runde sitzen geblieben. Das galt auch für Grandpatte, zumal der leckere Spießbraten noch nicht ganz aufgegessen war.
Karl zog seine Karte zu Rate und beschloß dann, über Waldböckelheim und Schloßböckelheim bis zur romanischen Kirche des alten Benediktinerklosters in Sponheim zu wandern, um von dort die Seitentäler der Nahe zu besuchen und in Wallhausen, Guldental und Burg Layen Station zu machen.
In Wallhausen im Gräfenbachtal trafen sie auf einen Weinhändler aus Köln, der ihnen entgegen kam, Karl und Grandpatte erkannte und ihnen begeistert die Weine schilderte, die er auf seiner bisherigen Fahrt durch das Trollbachtal an Burg Layen vorbei und im Guldental verkostet und eingekauft hatte.

Er erkundigte sich nach Karls Reisegrund, und Karl schilderte ihm seine Aufgabe.

„Aber Karl, das kann doch hier an der Nahe keine Frage sein; Ich meine, Du solltest einen der guten Rieslingweine wählen", meinte der Weinhändler, „Ich will Dir gerne helfen. Ich besitze einen Weinkeller in Münster-Sarmsheim vor Bingen, in dem ich die besten Rieslingweine von der Nahe aufbewahre. Da wird sich für Euern Hofrat schon ein guter Wein finden. Du kannst Dich auf die Probe freuen. Ich vergleiche die Proben in meinem Keller gerne mit einem Feuerwerk, denn im Lichte der Kerzen funkeln meine Naheweine wie Edelsteine!"

Karl nahm das Angebot des Weinhändlers gerne an, und gemeinsam reisten sie in seiner Kutsche zu seinem Weinkeller.
Und am Abend wählte Karl den geeigneten Edelstein aus.

Zurück in Bingerbrück überquerten Karl und Grandpatte die Nahe. Dabei gingen sie über die Drususbrücke, die älteste erhaltene mittelalterliche Brücke in den deutschen Landen.
Jetzt waren sie in Bingen und in Rheinhessen, die Weinreise war fast beendet.
Karl und Grandpatte machten sich auf den Rückweg nach Mainz.

Die Lösung

Am Rhein entlang wanderten Karl und Grandpatte wieder durch Rheinhessen. In Ingelheim legten sie an der alten Kaiserpfalz eine Rast ein. Ingelheim ist bekannt als Stadt Karls des Großen und als Rotweinstadt.
Karl zog zwei Flaschen Rotwein aus seinem Rucksack, die ihm ein Ingelheimer Winzer zugesteckt hatte.
„Zum Abschluß unserer Reise wollen wir uns doch noch einige Gläschen Portugieser und Spätburgunder aus Ingelheim gönnen", schlug Karl Grandpatte vor, der keinen Grund sah, dagegen zu protestieren.
„Karl dem Großen haben wir Weinfreunde sehr viel zu verdanken.
Er hat den Weinbau in unseren deutschen Weinregionen mit seinen wirtschaftlichen Verordnungen entscheidend gefördert. Wenn wir hier in den Ruinen seiner Kaiserpfalz diese Weine trinken, dann braucht es nicht viel Phantasie, um als Gast des Kaisers am großen Tisch in seinem Festsaal Platz zu nehmen . . ."

Endlich erreichten sie die kurfürstliche Residenz in Mainz.
„Karl, Karl!", der Hofrat schien völlig aufgelöst.
„Da bist Du ja endlich – was hast Du gemacht?
Warum hast Du mir all die Weine zuschicken lassen?
Wo ist Dein rettendes Gutachten?
Welchen Wein soll ich denn nun ausschenken, Du kannst mir also doch nicht helfen . . . oh, das ist mein Ende, ich werde zurücktreten müssen."
Karl versuchte ihn zu beruhigen, „Laßt mich doch zu Wort kommen und faßt Euch; zeigt mir bitte noch einmal die geplante Speisenfolge für Euer Festmenu. Ich muß mich kurz vergewissern, damit ich keinen Fehler mache. Aber ich denke, ich kann Euch helfen."

Etwas ungläubig schauend kramte der Hofrat in seiner Rocktasche und beförderte schließlich wieder das Blatt Papier mit dem Ablauf des Festmenus ans Tageslicht, das er Karl reichte.

Karl betrachtete sich den Zettel, zog einen zweiten Zettel aus seiner Westentasche hervor, verglich sie und murmelte nachdenklich vor sich hin: „Kaninchen, Weinbergsschnecken, Zander, Rehkeule, Ziegenkäse und Apfelkuchen . . . sie stimmen, und es sind wirklich sechs Gänge, das ist gut . . .", und dann sagte er: „Ihr müßt Euch nicht für einen Wein entscheiden."

„Das wäre zu schön, um wahr zu sein", gab der Hofrat zur Antwort, „aber wie soll ich das verstehen?"

„Ganz einfach, Ihr habt ein Menu mit sechs Gängen, und Ihr habt sechs Weine aus Euren sechs Weinregionen."

Der Hofrat sah Karl etwas hilflos an.

„Ich meine es ernst", sagte Karl, „jetzt schlägt Eure Stunde, Hofrat. Jetzt ist es an Euch, die Gelegenheit beim Schopfe zu packen und die Streitigkeiten zwischen den Weinregionen ein für allemal zu beenden."

Der Hofrat wollte seinen Ohren nicht trauen, wie sollte das Unmögliche möglich werden?

„Seht doch Eure Speisenfolge", fuhr Karl fort, „und seht, welche Weine ich ausgewählt und den einzelnen Gängen des Festmenus zugeordnet habe."

Er reichte dem Hofrat den Zettel, den er zuvor aus seiner Westentasche gefischt hatte und grinste dabei: „Es ist zwar nur ein bescheidenes Gutachten, aber ich glaube, daß Ihr es für gut erachtet. Zu dem geräucherten Kaninchen reicht Ihr den Mosel Riesling Hochgewächs, zu den Weinbergsschnecken den Silvaner aus Rheinhessen, zum Zander schenkt Ihr den Grauen Burgunder aus der Pfalz ein, zu der Rehkeule mit Walnußkruste den Spätburgunder der Ahr, einen Mittelrhein Riesling reicht Ihr zum angemachten Ziegenkäse und die Riesling Auslese von der Nahe zum Dessert, dem Apfelkuchen mit Mandelsauce."

Der Hofrat nahm das Blatt, so als ob er Karls Worte zuerst noch einmal wohl geordnet, schwarz auf weiß, auf sich wirken lassen müsse, sah dann auf und strahlte:

„Zu jedem Gang einen Wein aus einer meiner Weinregionen; Karl, daß ich darauf nicht selbst gekommen bin, das ist fürwahr eine weise Lösung!"
„Nicht nur das, es ist die einzig mögliche Lösung; denn es gibt nicht einen besten Wein. Es gibt nur den besten Wein für den jeweiligen Anlaß, deshalb liegt in der Vielfalt Eurer Weine ihre wahre Stärke!", gab Karl dem Hofrat als letzte Worte mit auf den Weg, und dieser verschwand aufgeregt im großen Festsaal.

Karl stand jetzt ganz alleine auf dem weitem Flur des Schlosses. Grandpatte war wohl in Richtung Küche verschwunden, das war ihm auch zu gönnen.
Karl erinnerte sich an die Worte: „Über den Weinländern scheint ein Gefühl von Wohlfahrt und Behagen in der Luft zu schweben", – so ähnlich hatte es der Geheimrat v. Goethe gesagt, da kann doch kein Streit gedeihen . . .

Epilog

*D*as Fest war vorbei.
Die Festgäste, die aus den verschiedensten europäischen Landen nach Mainz gekommen waren, waren sich einig, sie hatten einen wundervollen Abend erlebt.
Mit vor Stolz geschwellter Brust nahm der Hofrat die Glückwünsche zu diesem Essen und der Auswahl der Weine entgegen. Er hatte während des Menus die einzelnen Weine jeweils mit einigen passenden Worten angesprochen und den Gästen vorgestellt.

Der Hofrat stand vor Karl und reichte ihm bewegt die Hand: „Wie kann ich Dir danken?"
Karl lächelte: „Indem Ihr auf diesen Abend aufbaut. Wie Ihr sehen konntet, arbeiten die unterschiedlichen Weine aus Euren Weinregionen bereits zusammen. Tragt diese Erfahrung hinaus in die einzelnen Weinregionen. Alle sollen, nein, alle müssen lernen, daß nur die gemeinsame Arbeit für unsere Weine die Zukunft sein kann."

INHALT

Prolog 3

Ein Problem 4

Rheinhessen 13

Pfalz 21

Mosel-Saar-Ruwer 29

Ahr 37

Mittelrhein 43

Nahe 50

Die Lösung 56

Epilog 60

Zur Person:

KARL

Karl ist ein Comicheld!
Als "Spätlesereiter" wurde er bekannt.
Die Geschichte von der Entdeckung der Spätlese
im Jahre 1775 ist sein erstes Comicabenteuer
gewesen. Mittlerweile hat er bereits sechs Abenteuer
erfolgreich bestanden und seinen Ruf als
Comicheld gefestigt.

Die Karl-Schöpfer, Apitz und Kunkel, erzählen
Bildergeschichten, die entlang des Rheins vor
dem historischen Hintergrund des ausgehenden
18. Jahrhunderts spielen.
Die Autoren arbeiten dabei auf humorvolle Art
und Weise geschichtliche Ereignisse auf und
vermitteln in der den KARL-Comics als Literaturform
eigenen Synthese aus Wort und Bild Wissenswertes
über Wein und Geschichte.

**Folgende
KARL-Comics
sind bisher
erschienen:**

KARL · Der Spätlesereiter
Band 1 · ISBN 3-925771-02-6

KARL · Das Faß der Zisterzienser
Band 2 · ISBN 3-925771-04-2

KARL · Die Revolution
Band 3 · ISBN 3-925771-05-0

KARL · Der Fall Loreley
Band 4 · ISBN 3-925771-10-7

KARL · Das Gold der Nibelungen
Band 5 · ISBN 3-925771-12-3

KARL · Ballon Bonaparte
Band 6 · ISBN 3-925771-14-X

(KARL-Comics, 48-Seiten farbig 14,80 DM)

Die KARL-Weinbücher

KARL-Weingeschichte

Die Geschichte
des deutschen Weinbaus.
Das Buch bietet eine
geschichtliche Abhandlung der
Entwicklung des deutschen
Weinbaus von den Römern bis heute,
die zum einen durch informative
Bilder unterstützt und zum anderen
von Karls treuem Hund Grandpatte
humorvoll begleitet wird.

KARL-Weinkompendium

Gemeinsam mit Pater Anselm hat
Karl einen Vortrag zum
Weinbau gehalten, der als
önologische Comicographie
in Buchform erschienen ist:
Im KARL-Weinkompendium
erfährt der Leser
alles Wissenswerte über
die Kunst des Weinbaus.

KARL-Weingeschichte und KARL-Weinkompendium vermitteln
so im Duett allen Lesern auf unterhaltsame Weise
das Wichtigste vom deutschen Wein und seiner Geschichte.

(KARL-Weinbücher, 96 Seiten farbig,
fester Einband, gebunden, 25,80 DM)